D0763588

Silvia Adela Kohan

PLAZA JANÉS

Silvia Adela Kohan

Cómo escribir Relatos

PLAZA & JANÉS EDITORES, S.A.

Diseño de la portada: E.G.G.E. - Disseny
Fotografía de la portada: © Fototeca Stone

Segunda edición: mayo, 2000

© 1999, Silvia Adela Kohan
© de la presente edición: 1999, Plaza & Janés Editores, S. A.
 Travessera de Gràcia, 47-49. 08021 Barcelona

Printed in Spain – Impreso en España

ISBN: 84-01-54094-1
Depósito legal: B. 23.463 - 2000

Fotocomposición: Fort, S. A.

Impreso en Litografia Rosés, S. A.
Progrés, 54-60. Gavà (Barcelona)

L 540941

Sumario

INTRODUCCIÓN   11

1. Entre el inicio y el final   13

Entonces... ¿relato o cuento?   13
Las piezas del juego   15
La pulpa del relato   16
Por dónde y cómo   18
    Por dónde   19
    Pasar el examen   19
    Cómo   21
    Un relato sugerente   23
Clases de comienzos   27
    CONDICIONES DE UN BUEN INICIO   32
El final   33
    La construcción   34
    CONDICIONES DE UN BUEN FINAL   38
    Crear un efecto   39
Relación entre principio y final   40
    Transformaciones   42

2. Componentes básicos   47

Quién cuenta el relato   48
    Elegir una forma de contar   49

El modo 52
La distancia 53
La voz 54
La visión 54
Sabe y cuenta 55
Clases de narradores 55
La subjetividad 59
Tonos de la voz narrativa 61
Contraste entre tono y tema 62
Encontrar nuestro personaje 63
La grieta en la rutina 64
La evolución 65
Darlo a conocer 67
Diferenciarlos 69
Su procedencia 71
Formas de encararlo 72
El tiempo del relato 78
Tipos de conexiones 79
La manifestación verbal 80
El espacio del relato 81
Objetivo o no 82
El lugar más apropiado 84
Los personajes se desplazan 85

3. La articulación del conjunto 87

La estructura 88
Las funciones del relato 88
Diferencias entre indicios e informantes 94
Controlar la estructura es ventajoso 95
Ventajas del control 97
El motivo temático 98
La acción 100
Qué ocurre 100
El agente y el paciente 102
Clases de acciones 104

Cómo se expresan 109
El hilo conductor 111
    Un motivo 111
    Un detalle 117
    Una o más acciones 118
La escena clave 119
    El momento crucial 120

4. Clima y credibilidad 127

Consistencia de la atmósfera 127
    El ritmo es determinante 128
    Pasividad o movimiento 129
    Los dos polos 131
    Clases de atmósfera 132
    Dependiente del tiempo y del espacio 134
Conseguir el relato creíble 135
    La coherencia 136
    El pacto ficcional 137
    El personaje es una ilusión 138
    El lenguaje expresivo 138
    Pautas de credibilidad 140
    CONDICIONES PARA CONSEGUIR UN RELATO CREÍBLE .. 141

5. El relato policíaco 143

El enigma 145
Las técnicas de la sospecha y el misterio ... 146

6. El relato de ciencia-ficción 159

Los objetivos 162
Las claves 163
Los componentes 164
    Los personajes 164
    Tema y lenguaje 165
Tipos de relatos 166
    El horror 167

La ironía 169
La aventura 171
RECOMENDACIONES PARA ESCRIBIR CIENCIA-FICCIÓN . . 173

7. El relato de terror 175

El enfoque 176
Los mecanismos 178
Trazar un esquema 183
La oposición productiva 187

8. El relato de aventuras 195

Los aspectos básicos 197
    1. Los temas 197
    2. El entorno 199
    3. Los personajes 201
Los pilares 202
    EL SUSPENSE 203

9. El relato fantástico 205

Una llamada de atención 206
El proceso y sus modalidades 207
    EL ENIGMA DE LA LITERATURA FANTÁSTICA 213

10. El relato amoroso y erótico 215

Formas del amor 216
Los matices del amor sentimental 218
Los matices del erotismo 223
    EL DISCURSO DEL TEXTO ERÓTICO 225

Introducción

¿Cuándo empieza la escritura de un relato? Cuando algo bulle en nuestro interior y necesitamos expulsarlo desesperadamente, empieza por compulsión. Después viene la calma, el sosiego que conduce a la reflexión; es el momento de considerar cómo articulamos la idea, cuáles son las técnicas más productivas, cómo establecemos la conexión con el lector.

Un relato es la transformación de una idea íntima en hecho estético. Un buen relato pone en movimiento el pensamiento y los sentimientos del lector.

En este libro se profundizan aspectos que permiten conocer a fondo la materia a elaborar, distinguir los conceptos básicos de la narratología y ganar destreza en el manejo de las técnicas.

En los capítulos siguientes se desarrollan los modos de iniciar y finalizar un relato y las voces que pueden contarlo; los componentes básicos, entre los que destacan el personaje como figura imprescindible (no siempre ineludible), la coherencia del conjunto a partir de una estructura equilibrada, la acción significativa y apropiada, una atmósfera creíble. Se trabajan por separado algunas variantes que el relato proporciona —policíaca, amorosa o erótica, fantástica, de aventuras, de terror y ciencia-ficción.

Las técnicas desarrolladas se pueden aplicar tanto a un relato muy breve como a uno de más de sesenta páginas, sin olvidar que las reglas no son absolutas y dependen del uso que de ellas se haga (el valor de la receta depende del modo en que el cocinero la prepara). Los autores seleccionados para ejemplificar diferentes técnicas forman parte de la biblioteca ideal del escritor de narrativa y de cualquier lector.

1

Entre el inicio y el final

Es sabido que el relato existe desde que el hombre existe. Etimológicamente, la palabra «contar» evolucionó desde la enumeración de objetos a la de acontecimientos, hasta convertirse en «relatar». Actualmente, el término «relato» se usa en tres sentidos diferentes: el discurso hablado mediante el que se narra un suceso o una serie de sucesos; la serie de sucesos reales o ficcionales que son objeto de ese discurso; el acto de narración. Muchos escritores encaran un relato sin saber si será un cuento o una novela y lo resuelven durante la marcha.

Entonces... ¿relato o cuento?

El relato propiamente dicho es un texto narrativo ficcional de extensión muy variable: brevísimo o de hasta cincuenta páginas aproximadamente. No es tan extenso como una novela, linda a veces con el cuento, pero permite la inclusión de desvíos y digresiones que el cuento no permite. En este punto, entonces, radican las diferencias y las semejanzas: el relato puede admitir libertades que el cuento no admite y, a la vez, el cuento y la novela son relato porque «relatan» y trabajan —cada cual a su modo— con parecidos materiales narrativos.

Un relato narra una historia, es decir, una serie de sucesos encadenados en el tiempo desde un principio, una situación inicial, hasta un final, empleando un discurso apropiado. Sin embargo, un buen relato no tiene límites, así como no tiene límites el planeta: el inicio sugiere un tiempo anterior, y el final, uno posterior.

Las dos fuerzas principales que sostienen un relato son los hechos narrados y la manera como el lector toma conocimiento de dichos hechos. Entre ambas situaciones se plantea un conflicto que genera una serie de acciones, previas y posteriores a él, y que conducen al desenlace.

Situación inicial   Situación final

———— Conflicto / Acciones / Desenlace ————

- Situación inicial

Abre una expectativa, anticipa que «por algo» se escribe ese relato. Se parte de una situación estable. Se presentan algunos participantes del relato y sus circunstancias.

- Conflicto

Acontecimiento que modifica la situación inicial.

- Acción o desarrollo de las acciones

Es la reacción de uno o varios participantes que intentan resolver el conflicto de maneras distintas: reacción psicológica, toma de decisiones, actos...

• Desenlace

Es el resultado de las acciones precedentes.

• Situación final o cese

Es la transformación del conflicto, la presentación inesperada, abierta o cerrada, de una vía que condensa los nudos principales del conjunto y aporta una salida (no necesariamente una solución). Es una vuelta a la situación estable, distinta de la inicial.

Mientras que el cuento no permite cabos sueltos, el relato los admite, siempre que los pueda absorber en una dirección posible dentro de su totalidad. Es decir, el relato permite más altibajos. Sin embargo, las principales condiciones del buen cuento también lo son del relato. Entre ellas se destacan:

La capacidad de sugestión, concentración y sorpresa.

La supresión de lo accesorio, de los datos irrelevantes.

La coherencia entre los elementos que lo componen.

Las piezas del juego

Un relato está compuesto por elementos en su mayoría imprescindibles para que se ponga en juego el conjunto:

• El título: otro texto diferente del relato mismo, una síntesis del todo.

- El motivo: impulso temático que articula la acción.

- El *leitmotiv*: un motivo que se repite y se despliega de distintas maneras constituyendo un hilo conductor.

- La idea central: centro del que se desprende la intención del escritor y del que depende la trama.

- El punto de vista: ángulo desde donde se enfoca la historia.

- El tono narrativo: matiz de la voz que enfoca y cuenta.

- Los elementos narrativos básicos: personajes, ambiente, tiempo.

- El ritmo conectado a la atmósfera.

- La estructura: nudos principales y «rellenos» entre nudo y nudo.

La pulpa del relato

De un buen relato perdura todo o un aspecto peculiar, un guiño, un destello, que deja una huella en el lector: la pulpa. Gabriel García Márquez tardó cuarenta y cuatro años en localizar uno de los cuentos que más lo impresionaron en su juventud, del cual no recordaba el título ni el autor ni el final, pero sí el episodio principal, protagonizado por un sospechoso al que dos detectives seguían sin piedad por las calles de París durante días y noches, con la esperanza de que se viera forzado a volver a su casa, donde estaban las únicas pruebas para acusarlo. Además, un destello de ese cuento lo dejó marcado: sobre todo, se le había quedado «metida en el alma la angustia del persegui-dor». Cuando consiguió encontrarlo, era *El hombre en la calle*, de Simenon; lo releyó y sintió nuevamen-te esa especie de llamada. Posiblemente, ese relato le haya movilizado cuestiones personales, conmovido sus estructuras mentales y lo haya impulsado a es-cribir.

Habrá pulpa si entendemos que el relato recorta la realidad y la transforma. Simenon recortó dentro del episodio, y dentro de la trayectoria de ese hom-bre, el momento crucial de la persecución, que debido a la persistencia, a la habilidad del narrador para informar de los hechos, conmueve al lector —García Márquez— y persiste indeleble en su mun-do íntimo provocándole vaya a saber cuántas asocia-ciones.

Se escribe un relato para transformar un hecho trivial y corriente, una experiencia en bruto, en un hecho metafísico. Se suele decir que la escritura se inicia en el momento en que un acto transgrede la rutina habitual. Por otra parte, un hecho trivial deja de serlo no porque sea un hecho extraordinario, sino porque crece en nuestro interior, provoca algo en nuestros más escondidos deseos; entonces consegui-mos transformar el hecho trivial en suceso, somos dueños de esa carga productora de la pulpa. Es decir, al inventar unos personajes que aparentemente na-cen, viven y mueren como nosotros mismos, lo hace-mos porque necesitamos averiguar algo, que deduci-mos de esa actuación. Dice Chandler, cuando escribe el guión de *Extraños en un tren*, para Hitchcock: «Si yo hubiera escrito la historia de un señor que se despierta una mañana con tres brazos, la historia mostraría solamente las consecuencias de ese tercer brazo para el señor. Y no tendría que justificar la existencia de ese tercer brazo, que sería el punto de partida. Pero aquí, el punto de partida no es que, en ciertas circunstancias, un amable joven asesine a un perfecto extraño sólo para calmar a un loco. Eso es el resultado. El punto de partida es que si estrecháis la mano de un loco furioso, quizá estéis vendiendo vuestra alma al diablo.» O sea, no es mejor punto de partida la historia de un hombre con tres manos, sino la de alguien a quien no conviene estrecharle la mano.

Por dónde y cómo

Por dónde comenzar un relato y cómo hacerlo son preguntas que debemos plantearnos antes o durante el proceso de la escritura. Si tenemos apenas leves destellos de lo que será el futuro relato, reflexionar sobre estos dos aspectos puede resultarnos una buena estrategia para convertir los destellos en la explosión correspondiente a todo buen relato. Si tenemos ya pensados el argumento, el tema, el o los personajes, el lugar de la narración y el tiempo en que transcurre, si lo hemos iniciado con uno o más de estos elementos y vamos camino del final, nos permitirá resituar la historia y orientarla por el canal más propicio o, simplemente, confirmar que lo hemos hecho bien.

Por dónde

Hablar de comienzo implica el origen del relato y la forma de iniciarlo.

Un relato escrito proviene de una íntima necesidad. La procedencia de la idea inicial puede ser una impresión, un deseo, un sueño, una evocación. Esta idea conmueve súbitamente alguno de los pilares que nos sostienen, nos estremece de tal forma que sólo escribiendo el relato conseguimos organizar el caos. Es posible que al hacerlo descubramos algo que no sabíamos antes de escribirlo.

De las maneras de comenzarlo dependerá el interés o el desinterés que el relato despierte en el lector. Un comienzo puede provenir de una impresión, de imágenes evocadas, de los cinco sentidos, de un sueño que hemos tenido y transformamos en idea inicial.

Por dónde comenzar, a su vez, se refiere a cuál es el punto más conveniente de nuestro relato para convertirse en el párrafo inicial, cuál es el mejor principio para nuestro texto: los cimientos bien preparados aseguran un buen edificio.

Pasar el examen

Una vez escrito el relato, podemos probar si el verdadero comienzo no está en el medio o hacia el final. Puede suceder que se necesite escribir varios párrafos (y a veces páginas) para encontrar el verdadero nudo inicial. En este caso, eliminar el trozo precedente a dicho nudo es lo que cabe o, si este trozo contiene elementos funcionales, que cumplen una función en el conjunto, se juega con las partes colocando el medio en el final o el final como principio del relato, por ejemplo, hasta encontrar la organización más productiva, la que dé más cuenta de lo que queremos decir.

Lo practicamos con *El pozo*, de Luis Mateo Díez:

> Mi hermano Alberto cayó al pozo cuando tenía cinco años. Fue una de esas tragedias familiares que sólo alivian el tiempo y la circunstancia de la familia numerosa. Veinte años después, mi hermano Eloy sacaba agua un día de aquel pozo al que nadie jamás había vuelto a asomarse. En el caldero descubrió una pequeña botella con un papel en el interior. Éste es un mundo como otro cualquiera, decía el mensaje.

Probamos algunas variaciones, de la siguiente manera:

1. El final como principio:

> Éste es un mundo como otro cualquiera, decía el mensaje.
> Mi hermano Alberto cayó al pozo cuando tenía cinco años. Fue una de esas tragedias familiares que sólo alivian el tiempo y las circunstancias de la familia numerosa. Veinte años después, mi hermano Eloy sacaba agua un día de aquel pozo al que nadie jamás había vuelto a asomarse. En el caldero descubrió una pequeña botella con un papel en el interior.

2. Otro principio podría ser el fragmento que aparece en el medio:

Veinte años después, mi hermano Eloy sacaba agua un día de aquel pozo al que nadie jamás había vuelto a asomarse.

Cómo

Hay casi tantos modos de comenzar un relato como relatos existen. Contamos con una idea previa a partir de la cual es preciso imaginarse con exactitud lo que se quiere contar y describir: representárselo de tal modo que consigamos visualizarlo. Lo cual no quiere decir que se tenga que explicar o describir todo, sino únicamente lo esencial.

Michael Ende puntualiza: «¿Qué hay que tener en cuenta cuando uno quiere escribir un relato? Sobre todo hay que imaginarse con gran exactitud todo lo que se quiere contar y describir, representándolo tan exactamente que uno lo vea realmente en la imaginación hasta en sus menores detalles. Esto no quiere decir que haya que describir todo hasta en sus menores detalles. Cuando se hace la descripción, basta con limitarse a lo esencial, a lo característico. O sea, hay que imaginarse mucho más de lo que hay después en el texto escrito. Y sin embargo, de una manera extraña y hasta misteriosa, esa representación exacta se transmite al lector. Yo escribí una vez (de esta forma) una historia que tiene lugar en una zapatería. Un amigo que la leyó pudo describirme después con toda exactitud esa zapatería; sabía dónde estaba la puerta, dónde estaba la fila de sillas con las banquetas delante para los pies, dónde el escaparate y la caja. Todo eso coincidía exactamente con la imagen ante mí al escribir: aunque en la historia propiamente dicha no se describía nada de eso.»

El procedimiento más conveniente para producir un relato es conocer muy bien el mundo narrado y trabajarlo con los detalles significativos.

Es más efectivo:

a) Tengo una idea previa:

Un hombre en su habitación luchando para liberarse de un agresor desconocido que ha entrado de golpe.

b) Imagino la escena en sus mínimos detalles:

Cómo es la habitación, las dimensiones, la luz, el revestimiento de las paredes, del suelo, el número y tipo de ventanas, puertas, armarios, marcos, cuadros, otros objetos de adorno o de uso útil, de muebles. Cuál es la orientación de la habitación dentro de qué clase de edificio y, a la vez, dentro de qué clase de población está. El momento del día. El aspecto de ambos personajes: vestimenta de cada uno de ellos, características físicas, tono de voz, expresiones, formas de moverse, gestos típicos, reacciones, objetos que prefieren, modo de pensar. Las acciones realizadas por ellos previamente al momento en que se desarrolla el episodio. La composición familiar de cada uno.

c) Escribo solamente lo significativo y únicamente con estos elementos construyo la escena (pero conozco el resto).

Así, elijo: el tono amarillento de las paredes, el pañuelo sucio del agresor, una ventana, un jarrón de cobre del hombre que está en su habitación, la mirada oblicua de uno de ellos y la boca del otro.

Es menos efectivo:

a) Tengo una idea previa:
Un hombre en su habitación luchando para liberarse de un agresor desconocido que ha entrado de golpe.

b) Conozco unos pocos detalles:
Visualizo sólo las expresiones de ambos hombres, el momento del día y un objeto.

c) A medida que escribo cargo la escena de detalles.
Así, informo de la temperatura ambiente, describo muchos muebles en la habitación, explico cómo es cada personaje, qué hizo ese día antes del episodio narrado, qué comidas prefiere, cómo está constituido su núcleo familiar, etc.

Resumiendo, es mejor saber mucho y decir lo necesario, que saber poco y acumular datos y detalles inconexos, obvios o innecesarios. Conviene madurar la idea durante un tiempo antes de escribirla.

Un relato sugerente

En el siguiente relato, *Toda Cuba en una guagua*, de Eduardo Galeano, el lector puede imaginar el entorno completo, el tipo de casa de la zona, la heladería, el aspecto de cada personaje basándose en la información dada por el narrador, que sugiere una realidad mucho mayor que la que nombra.

Los padres habían huido al norte. En aquel tiempo, la revolución y él estaban recién nacidos.

Un cuarto de siglo después, Nelson Valdés viajó de Los Ángeles a La Habana, para conocer su país.

Cada mediodía, Nelson tomaba el ómnibus, la guagua 68, en la puerta del hotel, y se iba a leer libros sobre Cuba. Leyendo pasaba las tardes en la biblioteca José Martí, hasta que caía la noche.

Aquel mediodía, la guagua 68 pegó un frenazo en una bocacalle. Hubo gritos de protesta, por el tremendo sacudón, hasta que los pasajeros vieron el motivo del frenazo: una mujer, muy rumbosa, que había cruzado la calle.

—Me disculpan, caballeros —dijo el conductor de la guagua 68, y se bajó. Entonces todos los pasajeros aplaudieron y le desearon buena suerte. El conductor caminó balanceándose, sin apuro, y los pasajeros lo vieron acercarse a la muy salsosa, que estaba en la esquina recostada a la pared, lamiendo un helado. Desde la guagua 68, los pasajeros seguían el ir y venir de aquella lengua que besaba el helado mientras el conductor hablaba y hablaba sin respuesta, hasta que de pronto ella se rió, y le regaló una mirada, y entonces el conductor alzó el pulgar y todos los pasajeros le dedicaron una cerrada ovación.

Pero cuando el conductor entró en la heladería, produjo cierta inquietud general. Y cuando al rato salió con un helado en cada mano, cundió el pánico en las masas.

Le tocaron bocina. Alguien se afirmó en la bocina con alma y vida, y sonó la bocina como alarma de robos o sirena de incendios; pero el conductor, sordo, como si nada, seguía pegadito a la muy sabrosa.

Entonces avanzó, desde los asientos de atrás de la guagua 68, una mujer que parecía una gran bala de cañón y tenía cara de mandar. Sin decir palabra, se sentó en el asiento del conductor, y puso el motor en marcha. La guagua 68 continuó su recorrido, parando en sus paradas habituales, hasta que la mujer llegó a su propia parada y se bajó.

Otro pasajero ocupó su lugar, durante un buen tramo, de parada en parada, y después otro, y otro, y así siguió la guagua 68 hasta el final.

Nelson Valdés fue el último en bajar. Se había olvidado de la biblioteca.

El cuento anterior trabaja con una serie de referencias, a saber:

Información inicial: «Cada mediodía, Nelson tomaba el ómnibus, la guagua 68, en la puerta del hotel, y se iba a leer libros sobre Cuba.»

Información final: «Se había olvidado de la biblioteca.»

Referencias principales:
    Un país
    Un exiliado que vuelve a su país
    El deseo de conocer su país natal
    Un viaje en autobús

Referencias secundarias:
  Los participantes del viaje en autobús
  El conductor del autobús
  La mujer

Las acciones que se suceden configurando la situación:
  Nelson Valdés viajó para conocer su país
  Cada mediodía, Nelson tomaba el ómnibus
  Se iba a leer libros sobre Cuba
  Aquel mediodía, la guagua 68 pegó un frenazo en una bocacalle
  el conductor se bajó
  los pasajeros aplaudieron y le desearon buena suerte
  El conductor se acercó a la mujer
  el conductor hablaba y hablaba sin respuesta
  ella se rió, y le regaló una mirada,
  el conductor alzó el pulgar
  los pasajeros le dedicaron una cerrada ovación
  el conductor entró en la heladería
  salió con un helado en cada mano
  Le tocaron bocina
  el conductor seguía pegadito a la muy sabrosa
  avanzó una mujer
  se sentó en el asiento del conductor
  puso el motor en marcha
  La guagua 68 continuó su recorrido
  la mujer llegó
  se bajó
  Otro pasajero ocupó su lugar
  después otro y otro
  Nelson Valdés fue el último en bajar.

Clases de comienzos

De las innumerables variantes existentes y posibles de comenzar un relato, seleccionamos las siguientes:

1. Comenzar con una particularidad del personaje, en su actuación o en su aspecto:

> Aunque Bertha Young tenía treinta años, todavía experimentaba momentos como este en los que quería correr en vez de andar, subir y bajar la acera dando unos pasos de baile, hacer rodar un aro, lanzar algo al aire y cogerlo después, o estarse quieta y reírse de... nada, sencillamente nada.

> KATHERINE MANSFIELD
> *Felicidad perfecta*

2. Comenzar contando un hecho general para ir, poco a poco, ingresando en una vida particular:

> Cuando los recién llegados a S., capital de provincia, se quejaban del aburrimiento y de la monotonía de la vida, los habitantes de la ciudad, como justificándose, decían que, por el contrario, en S. se estaba muy bien; que había allí una biblioteca, un teatro, un club; que había bailes y que, por fin, había familias inteligentes, interesantes y agradables, con las cuales se podía trabar conocimiento. Y mencionaban a la familia de los Turkin como la más instruida y talentosa.
> Esta familia vivía en una casa propia, situada en la calle principal, cerca de la residencia del gobernador.

Iván Petróvich Turkin, hombre corpulento, moreno, guapo, con patillas, organizaba espectáculos de aficionados, con fines benéficos, interpretaba él mismo papeles de viejos generales y solía toser entonces en forma graciosa. Conocía muchos chistes, charadas y dichos; solía bromear y decir ocurrencias, y siempre tenía una expresión que no dejaba comprender si hablaba en serio o en broma. Su esposa, Vera Iósifovna, delgada y simpática dama con *pince-nez*, escribía largas narraciones y novelas y las leía gustosamente, en voz alta, a sus visitas. Su joven hija, Ekaterina, tocaba el piano. En una palabra, cada miembro de la familia tenía algún talento propio.

ANTÓN CHÉJOV
Iónich

3. Comenzar señalando un sentimiento y enlazar a continuación con una descripción ampliatoria:

A lo largo de medio siglo, las burguesas de Pon-l'Evê-que le envidiaron a madame Auban su criada Felicidad.
Por cien francos al año, guisaba y hacía el arreglo de la casa, lavaba, planchaba, sabía embridar un caballo, engordar las aves de corral, mazar la manteca, y fue siempre fiel a su ama, que sin embargo no siempre era una persona agradable.

GUSTAVE FLAUBERT
Un alma de Dios

4. Comenzar con un hecho sorpresivo:

El adúltero estaba desnudando a su amante cuando vio que ésta llevaba un juego de ropa interior idéntico a uno de su mujer, así que se le quitaron las ganas y se sentó en el borde de la cama.

Juan José Millás
El adúltero desorientado

5. Comenzar con una frase breve que contiene una información puntual, agregar más datos a continuación y finalizar el largo párrafo inicial con otra breve frase que indica la primera acción:

La última vez que vi a mi padre fue en la Estación Gran central. Yo iba de la casa de mi abuela, en los Adirondack, a un cottage en el Cabo alquilado por mi madre, y escribí a mi padre que estaría en Nueva York, entre dos trenes, durante una hora y media, y le pregunté si podíamos almorzar juntos. Su secretaria me escribió diciendo que él se encontraría conmigo a mediodía frente al mostrador de información, y a las doce en punto lo vi venir entre la gente. Para mí era un desconocido —mi madre se había divorciado de él hace tres años y desde entonces no lo había visto—, pero apenas lo vi sentí que era mi padre, un ser de mi propia sangre, mi futuro y mi condenación. Supe que cuando creciera me parecería a él; tendría que planear mis campañas ateniéndome a sus limitaciones. Era un hombre alto y apuesto, y me complació enormemente volver a verlo. Me palmeó la espalda y estrechó mi mano.

John Cheever
Reunión

6. Comenzar conminando a una segunda persona (un interlocutor, el lector):

> Esta cosa es más difícil de lo que cualquiera puede entender. Insista. No se desanime. Parecerá obvio. Pero es extremadamente difícil saber algo de ella. Pues envuelve el tiempo.

CLARICE LISPECTOR
«La relación de la cosa» (*Silencio*)

7. Comenzar con una acción colectiva en un largo párrafo:

> Durante varios días atravesaron la ciudad los restos de un ejército que, más que tropa, parecía una horda desbandada. Los hombres tenían la barba larga y sucia y el uniforme hecho jirones, y caminaban como autómatas, sin bandera ni regimiento. Todos ellos parecían abrumados, vencidos por la fatiga, incapaces de pensar en nada o de tomar una resolución, caminando como sonámbulos y cayendo rendidos en cuanto se detenían. La mayoría de ellos eran movilizados, gente pacífica, tranquilos rentistas exhaustos bajo el peso del fusil; jóvenes guardas móviles avispados, propensos al pánico y prestos al entusiasmo, dispuestos lo mismo al ataque que a la huida; entre ellos, algunos calzones rojos, restos de una división diezmada en una gran batalla; adustos artilleros alineados junto a los infantes; y, de vez en cuando, el casco brillante de un dragón de tardo paso que seguía con dificultad el andar ligero de los soldados de infantería.

GUY DE MAUPASSANT
Bola de sebo

8. Comenzar con una referencia especial al lugar:

Había una gran mansión donde vivía una niña enferma. En cierto momento pareció que mejoraba, pero tuvo una súbita recaída y desde entonces daba la impresión de no querer recuperarse.

El famoso doctor venido de la ciudad dijo que ya estaba curada y que debía levantarse. Sin embargo la niña permanecía en cama, indiferente y laxa como una muñeca de trapo. Cuando le dirigían la palabra, mantenía los ojos cerrados; pero cuando creía que nadie la miraba, los abría; fijaba la vista tristemente en el vacío, a veces gruesas lágrimas se deslizaban bajo sus largas pestañas. No quería comer, no quería hablar y, cuando las enfermeras intentaban forzarla a ponerse de pie, ella gritaba que le dolían las piernas.

ISAK DINESEN
Caballos fantasmas

9. Comenzar con una indicación temporal referida al futuro:

Dentro de escasos minutos ocupará con elegancia su lugar ante el piano. Va a recibir con una inclinación casi imperceptible el ruidoso homenaje del público. Su vestido, cubierto de lentejuelas, brillará como si la luz reflejara sobre él el acelerado aplauso de las ciento diecisiete personas que llenan esta pequeña y exclusiva sala, en la que mis amigos aprobarán o rechazarán —no lo sabré nunca— sus intentos de reproducir la más bella música, según creo, del mundo.

AUGUSTO MONTERROSO
El concierto

10. Comenzar prometiendo un suceso y no dar más que algunos datos mínimos acerca del mismo, sin revelar cuál es el suceso.

Mr. Holohan, vicesecretario de la sociedad Eire Abu, se paseó un mes por todo Dublín con las manos y los bolsillos atiborrados de papelitos sucios, arreglando lo de la serie de conciertos. Era lisiado y por eso sus amigos lo llamaban Aúpa Holohan. Anduvo para arriba y para abajo sin parar y se pasó horas enteras en una esquina discutiendo el asunto y tomando notas; pero al final fue Mrs. Kearney quien tuvo que resolverlo todo.

JAMES JOYCE
Una madre

Condiciones de un buen inicio

Se puede atrapar al lector desde la primera línea si el inicio cumple algunos requisitos:
• No debe ser un anexo del resto. Es decir, es nefasto iniciar un relato explicando detalles que después resultan accesorios. Por ejemplo, si el relato se centra en una boda, ¿para qué iniciarlo aclarando el color del sombrero de la madrina o los pensamientos de un invitado, si ni el sombrero ni los pensamientos desempeñarán más adelante ningún rol?
• No empezar con una descripción larga y detallada del personaje principal, de lo que hace todos los días, etc., sino —si se desea presentarlo de entrada— señalar un detalle significativo.

> • Plantear una ruptura de sus costumbres que cree tensión es muy efectivo.
> • Introducir el tono emocional de la historia desde el principio.

Atención...

El inicio de un relato siempre produce una impresión en el lector y es bueno que condense la totalidad. Hay que buscar el adecuado a lo que se quiere decir. De los párrafos ya escritos en una novela o un cuento, comprobar cuál podría ser el principio más apropiado para esa novela o ese cuento.

El final

¿Finalizar un texto es acabarlo o interrumpirlo? ¿Cuándo nos conviene el cese y cuándo el desenlance? ¿Qué es un final?

Éstas son cuestiones básicas frente a cualquier tipo de relato.

Resolver un texto con un final abierto o uno cerrado no es una elección arbitraria, sino una exigencia del propio texto. Las claves de un final eficaz están incorporadas en la idea de coherencia: el principio, el desarrollo y el final hilados en función de la totalidad; nudos de la misma red.

Al mismo tiempo, no debemos olvidar que cuando acaba el texto empieza el trabajo mental del lector. De ese trabajo es responsable, en buena medida, la resolución de la historia, cuyo secreto reside en ser significativa y necesaria.

El final puede ser un cese o un desenlace.

Hablar del final como cese significa hablar de algo que acabó definitivamente, de resolver todos los puntos oscuros de la narración. Es típico del relato detectivesco, en el que se tiende a resolver un enigma.

Hablar del final como desenlace significa hablar de algo que acabó, pero que puede tomar un desvío hacia otra cosa; o que acabó, pero no sabemos exactamente cómo. En el final abierto, típico del relato fantástico moderno, se movilizan la curiosidad, el pensamiento y la libre elección del lector.

La construcción

Son innumerables los modos de acabar una narración. Si bien el final es dependiente del resto del texto, hay variadas maneras de construirlo, como las siguientes:

1. Con un elemento que indica futuro y deja abierta una continuación que se deposita en la mente del lector, como un presentimiento.

Ejemplo:

A pesar de ello, juzgándola indigna de confianza, la gallina fue condenada. Dos hombres de uniforme la sujetaron por las patas, en el escuálido patio, mientras un tercero le retorcía el pescuezo. Lanzó un largo y postrer grito desgarrador, un lúgubre cacareo, ella que era tan discreta que siempre había callado. Adalberto se cubrió la cara con una mano. Su pacífico ensueño de gallinero estaba muerto. Así la máquina de la opresión suele atrapar a quien la sirve. El director de la empresa, preocupado porque debía recibir a la comisión de obreros que protestaban a causa de los despidos, oyó desde su despacho el grito de muerte de la gallina, y tuvo un triste presentimiento.

ITALO CALVINO
«La gallina de la fábrica»
(*Idilios y amores difíciles*)

2. Con un diálogo.

Ejemplo:

—¿Qué pasa? —preguntó la niña.
—Nada. Ya es muy tarde —dijo él mirando el reloj. Hora de que las niñas bonitas se vayan a la cama.

MANUEL RIVAS
«La chica del pantalón pirata»
(*¿Qué me quieres, amor?*)

3. Con una duda.

Ejemplo:

Me parece que se para una vez más para hacernos un ademán de despedida, pero tan lejos, y sin gafas, no lo puedo asegurar.

WILLIAM PEDEN
El hombre del hacha

4. Con una observación mínima.

Ejemplo:

Bajó la cabeza y vio los pies descalzos de su marido. Miró aquellos pies junto a un charco de agua. Sabía que en la vida volvería a ver algo tan raro. Pero no sabía qué hacer. Pensó que lo mejor sería pintarse un poco los labios, coger el abrigo y marcharse a la subasta. Pero no podía apartar la vista de los pies de su marido. Dejó el plato en la mesa y se quedó mirando hasta que los pies salieron de la cocina y volvieron al cuarto de estar.

RAYMOND CARVER
«Conservación» (*Catedral*)

5. Con una acción.

Ejemplo:
Cuelga la bata en el perchero que hay a los pies de la cama. Luego sale del cuarto y cierra la puerta con llave.

CARMEN MARTÍN GAITE
«El balneario»

6. Resumiendo cómo acabó la historia y agregando una decisión.

Ejemplo:
Pero ya está bien. No voy a relatar cómo me arrestaron ni a hablar de mis terribles experiencias posteriores. Basta con decir que sólo a fuerza de una paciencia y unos esfuerzos increíbles logré regresar al extranjero y que a partir de entonces me juré a mí mismo no llevar a cabo misiones encomendadas por la locura ajena.

VLADIMIR NABOKOV
«La visita al museo» (*Una belleza rusa*)

7. Con una expresión de sentimientos.

Ejemplo:

Levantando la vista hacia lo oscuro, me vi como una criatura manipulada y puesta en ridículo por la vanidad, y mis ojos ardieron de angustia y de rabia.

JAMES JOYCE
«Arabia» (*Dublineses*)

8. Con la aparición de un documento.

Ejemplo:

Fui injustificablemente dura en su juicio. Si se examina el libro del Fondo, se encontrará este reconocimiento: «Recolectado por la señorita Matilda Cuvering, dos chelines y seis peniques.»

SAKI
«El cerdo» (*El contador de historias*)

9. Con una reflexión.

Ejemplo:

Eso es un as. No se les puede conmover. Nada; nada del mundo puede conmoverlos. Gastan el dinero en sí mismos, o por vanidad, pero nunca pagan. Traten ustedes de conseguir que alguno de ellos les pague. Le dije lo que pensaba de él, allí mismo en la Gran Vía, frente a sus tres amigos. Pero ahora, cuando lo encuentro, me habla como si fuésemos amigos. ¿Qué clase de sangre tiene en las venas un hombre como ése?

ERNEST HEMINGWAY
La madre de un As

10. Con un recuerdo o una obsesión.

Ejemplo:

Hasta hoy me persigue el alarido de la madre, hasta hoy, como me persiguió el 5 de julio de 1807 en mi fuga por la calle de Santo Domingo negra y roja de cadáveres, lejos de la casa cuyas puertas había arrancado...

MANUEL MUJICA LÁINEZ
La casa cerrada

Condiciones de un buen final

Un final debe imponerse gracias a una serie de condiciones básicas que son:
—La coherencia textual
El texto debe exigir ese final, coherente con el conjunto. No se puede forzar un final. No podemos, por ejemplo, desarrollar un cuento largo utilizando un tono paródico y acabarlo con una meditación poética si no lo pide el desarrollo mismo del texto. O empezar con un sujeto y acabar con otro si el texto es breve.
—El significado
El final debe ser significativo.
—La repercusión
Cuando acaba el texto, un buen final deja al lector como suspendido en el tiempo y la narración lo persigue durante horas, días o toda la vida. El impacto de un buen final debe provocar alguna inquietud, algún tipo de interrogante, algún planteo.

Crear un efecto

Toda la historia apunta a un fin, sus hilos tienden —deben tender— hacia él. Somerset Maugham dice: «Prefiero terminar mis cuentos con un final abrupto y no con una dispersión de puntos.»

Cuando el final es sorprendente, el escritor puede haber querido buscar un efecto, lo cual tiene sus ventajas y sus riesgos. La persecución del efecto puede ser peligrosa para la calidad del relato. Es ventajoso que el lector perciba algo fundamental, que se encuentre con un giro inesperado, que el final lo sacuda, pero nunca ese giro debe ser artificioso.

Por ejemplo, J. D. Salinger fuerza el final del primero de sus *Nueve cuentos*, «Un día perfecto para el pez plátano»: al cerrarlo con una acción innecesaria, el suicidio no es pertinente, sino efectista:

> Echó una ojeada a la chica que dormía en una de las camas gemelas. Después fue hasta una de las maletas, la abrió y extrajo una automática de debajo de un montón de calzoncillos y camisetas, una Ortgies calibre 7,65. Sacó el cargador, lo examinó y volvió a colocarlo. Quitó el seguro. Después se sentó en la cama desocupada, miró a la chica, apuntó con la pistola y se disparó un tiro en la sien derecha.

Muchos relatos aparentemente inconclusos dejan más huellas en el lector que los de final efectista. En un cuento de Borges, *The Gods' Script*, el personaje simplemente medita hasta el final. También Carson McCullers ha jugado con el misterio sobre la vida de un personaje, su aparición como en la vida misma, sin un principio ni un final diferenciados; crea un arquetipo de forastero al que en el primer relato de un volumen se le pregunta de dónde viene y él responde simplemente que estaba viajando; el último relato del mismo volumen acaba con el comentario de otro personaje sobre el forastero: «Seguro que ha viajado mucho.»

En este sentido, Chéjov apuntó alguna vez: «Creo que cuando uno ha terminado de escribir un cuento, debería borrar el principio y el final.»

Atención...

Sintetizando, la construcción del final de un texto puede presentar las siguientes variantes:

- Fuga (final que se expande, abierto)
- Contraste (final que contrasta con el principio del texto)
- Reunión (final en el que convergen algunos elementos previos)
- Cierre (final que clausura, cerrado)

Relación entre principio y final

Muchos escritores prefieren saber de antemano el final de su relato. Incluso hay quienes parten del final, de modo que la primera idea que los persigue es cómo podría terminar una historia, aunque todavía no conozcan la historia. Ésta acaba siendo la motivación que preside la escritura, pues escriben tendiendo hacia esa meta. En este caso, ese final es una especie de desafío que los instiga a avanzar.

Si el tono y el ritmo iniciales se vinculan con el tono y el ritmo finales, nos aseguramos parte de la trama.

Comparando el principio y el final de un relato, el crítico francés Roland Barthes desarrolla un método de análisis estructural que resumimos de la siguiente manera:

Establecer, en primer lugar, los dos conjuntos-límite, inicial y terminal, después explorar por qué vías, mediante qué transformaciones, qué movilizaciones, el segundo se acerca al primero o se aleja de él: hace falta, en suma, definir el paso de un equilibrio a otro, atravesar la «caja negra». Así demuestra que *La isla misteriosa*, la novela de Julio Verne, está construida sobre la base de la relación principio-final:

—Al principio, se despliega lo que Barthes llama «código adánico»: los hombres están desnudos en la isla, no tienen nada, todo deberán hacerlo con sus manos y su ingenio.

—Al final, los cinco hombres son prósperos colonos americanos.

O sea, la conclusión que extrae es: «El florecimiento se opone al aniquilamiento, la riqueza a la desnudez.»

De este modo, el desarrollo puede seguir diferentes vertientes, pero está «asegurado».

Transformaciones

Entre los relatos modernos, podemos comprobar la transformación entre el principio y el final en casos como los siguientes:

• El *contraste*. Cuando contrasta una modalidad empleada en todo el texto con la elegida al final. Podría ser que en todo el texto prevalezca la actitud de sospecha, final de duda; o que todo el texto sea reflexivo, y el final, descriptivo.

Ejemplo:

En *Hombre de la esquina rosada*, de Borges, se produce una transformación contrastante centrada en la declaración del protagonista.

En el inicio, el narrador describe a un hombre muerto, con admiración:

A mí, tan luego, hablarme del finado Francisco Real. Yo lo conocí; y eso que éstos no eran sus barrios porque él sabía tallar más bien por el Norte, por esos laos de la laguna de Guadalupe y la Batería. Arriba de tres veces no lo traté, y ésas en una misma noche, pero es noche que no se me olvidará, como que en ella vino la Lujanera porque sí, a dormir en mi rancho y Rosendo Juárez dejó, para no volver, el Arroyo. A ustedes, claro que les falta la debida esperiencia para reconocer ese nombre, pero Rosendo Juárez el Pegador era de los que pisaban más fuerte por Villa Santa Rita. Mozo acreditao pal cuchillo y era uno de los hombres de don Nicolás Paredes, que era uno de los hombres de Morel. Sabía llegar de lo más rumboso a la timba, en un oscuro, con las prendas de plata;

los hombres y los perros lo respetaban y las chinas también; nadie ignoraba que estaba debiendo dos muertes; usaba un chambergo alto, de ala finita, sobre la melena cuidada; la suerte lo mimaba, como quien dice. Los mozos del lugar le copiábamos hasta el modo de escupir: Sin embargo, una noche nos ilustró la verdadera condición de Rosendo.

Al final, descubre que él ha sido quien lo mató, sin decirlo abiertamente.

Entonces, Borges, volví a sacar el cuchillo corto y filoso que yo sabía cargar aquí, en el chaleco, junto al sobaco izquierdo, y le pegué otra revisada despacio, y estaba como nuevo, inocente, y no quedaba ni un rastrito de sangre.

• Cuando *abre una expectativa y cierra sin resolver dicha expectativa*, pero la transformación se produce en otro plano.

Ejemplo:

Hace tres veranos, encontré una carta en mi buzón. Venía en un gran sobre blanco y estaba dirigida a alguien cuyo nombre no conocía: Robert M. Morgan, de Seattle, Washington. En la Oficina de Correos habían estampado en el anverso del sobre varios sellos: Desconocido, A su procedencia. Habían tachado a pluma el nombre del señor Morgan, y al lado alguien había escrito: «No vive en esta dirección.» Trazada con la misma tinta azul, una flecha señalaba la esquina superior izquierda del sobre, junto a las palabras Devolver al remitente. Suponiendo que la Oficina de Correos había cometido un error, comprobé la esquina superior izquierda para ver quién era el remitente. Allí, para mi absoluta perplejidad, descubrí mi propio nombre y mi propia dirección. No sólo eso, sino que estos datos estaban impresos en una etiqueta de dirección personal (una de esas etiquetas que se pueden encargar en paquetes de doscientas y que se anuncian en las cajas de cerillas). La ortografía de mi nombre era correcta, la dirección era mi dirección, pero el hecho era (y lo sigue siendo) que nunca he tenido ni he encargado en mi vida un paquete de etiquetas con mi dirección impresa.

Dentro del sobre había una carta mecanografiada a un solo espacio que empezaba así: «Querido Robert: en respuesta a tu carta del 15 de julio de 1989 debo decirte que, como otros autores, a menudo recibo cartas sobre mi obra.» Luego, en un estilo rimbombante y pretencioso, plagado de citas de filósofos franceses y rebosante de vanidad y autosatisfacción, el autor de la carta elogiaba a «Robert» por las ideas que había desarrollado sobre uno de mis libros en un curso universitario sobre novela contemporánea. Era una carta despreciable, la clase de carta que jamás se me hubiera ocurrido escribirle a nadie, y, sin embargo, estaba firmada con mi nombre. La letra no se parecía a la mía, pero eso no me consolaba. Alguien estaba intentando hacerse pasar por mí, y, por lo que sé, lo sigue intentando.

Un amigo me sugirió que era un ejemplo de «arte por correo». Sabiendo que la carta no podía llegarle a Robert Morgan (puesto que tal persona no existe), en realidad el autor de la carta me estaba enviando a mí sus comentarios. Pero esto hubiera implicado una confianza injustificada en el servicio de correos de los Estados Unidos, y dudo que alguien que se ha dado el trabajo de encargar en mi nombre etiquetas de dirección y de ponerse a escribir una carta tan arrogante y altisonante pudiera dejar algo al azar. ¿O sí? Quizá los perversos listillos de este mundo creen que todo saldrá siempre como ellos quieren.

Tengo pocas esperanzas de resolver algún día este pequeño misterio. El bromista ha borrado hábilmente sus huellas, y no ha vuelto a dar señales de vida. Lo que no acabo de entender de mi propia actitud es que nunca he tirado la carta, aunque sigue dándome escalofríos cada vez que la miro. Un hombre sensato la habría tirado a la basura. En vez de eso, por razones que no comprendo, la conservo en mi mesa de trabajo desde hace tres años, y he dejado que se convierta en un objeto más, permanente, entre mis plumas, cuadernos y gomas de borrar. Quizá la conservo como un monumento a mi propia locura. Quizá sea el medio de recordarme que no sé nada, que el mundo en el que vivo no dejará nunca de escapárseme.

PAUL AUSTER
Cuaderno rojo

2
Componentes básicos

El relato se articula en una sucesión de secuencias presentadas por una voz narrativa que tiende un cabo al lector y lo orienta en el entramado de los acontecimientos. Los componentes habituales de las historias narradas son la presencia de uno o más participantes desde el principio al final, unas causas que hacen que los participantes actúen, unas acciones ejecutadas por ellos, en un marco espacial y temporal.

Las preguntas que conducen a los componentes del relato son:

¿Qué cuenta? . . . . Tema

¿De qué manera? . . . . Acción

¿Cuándo sucede? . . . . Tiempo

¿Dónde sucede? . . . . Espacio

¿A quién le pasa? . . . . Personajes

¿Quién lo cuenta? . . . . Narrador

¿Desde dónde lo cuenta? . . . . Focalización

¿Desde qué distancia? . . . . Distancia

Quién cuenta el relato

En una obra literaria, el escritor no habla nunca directamente al lector, sino que se inventa una mirada que mira lo que sucede de una forma determinada y desde un ángulo específico: el narrador. Desde un punto de vista figurado, podemos decir que construye y emplea un «intermediario» cuya función es contar.

Singularizar un hecho banal y convertir este hecho único en una cadena de sucesos es una operación clave para escribir un relato. Pero ¿cómo conseguirlo?

La transformación de lo cotidiano en diferente, de lo común en singular, de lo único en múltiple, implica al escritor, como sujeto real, y al narrador elegido, como sujeto ficticio, de la siguiente manera:

El escritor .... registra (en el exterior y en su interior simultáneamente) algo peculiar en el mundo real, elige un hecho / lo observa / reflexiona sobre el material elegido.

Escribe de determinada manera = encuentra el narrador apropiado.

El narrador .... enfoca y cuenta.

En el relato, entonces, el autor da la palabra al narrador, que, a la vez, mediante una serie de datos organizados según su propia óptica, mueve uno o varios personajes en un espacio determinado, produciendo el relato como un acontecimiento que sucede en un tiempo específico.

En el lenguaje oral distinguimos el tono de la voz, aunque no es indicativo, porque con el tono se puede expresar lo contrario de lo que se dice. Sin embargo, en el lenguaje escrito el tono narrativo predispone la lectura. Hay innumerables tonos, muchos vinculados a los sentimientos o a un estado, entre ellos: el sentimental, el intelectual, el irónico, el dubitativo, el triste, el alegre, el trágico, el grotesco, etc.

Atención...

Como escritores practicamos registros fuera y dentro de nosotros mismos. Registramos con todos los sentidos corporales y con un grado máximo o un grado inexistente de emoción. Sea cual sea, el registro que se incorpora en el relato debe consolidarse poniendo el cuerpo y el alma.

Elegir una forma de contar

El conjunto del relato engloba la introducción (inicio de la acción); el desarrollo (problema planteado), y el desenlace (transformación del conflicto), que no necesariamente coinciden con el inicio, el desarrollo y el final del argumento originario. Dicho argumento es transmitido por el narrador, encargado de articular la información, que la transmite como la «ve», mira desde un ángulo específico y cuenta según lo que su mirada abarca.

La misma historia se puede contar de diversas maneras.

Es importante tener en cuenta que la variación del

enfoque varía la información que se proporciona al lector, el lenguaje utilizado y el ritmo del relato.

Raymond Queneau a partir de *Notaciones* desarrolla un collage de discursos, noventa y nueve maneras distintas de escribir la misma historia, entre las cuales presentamos las siguientes:

Notaciones

En el S, a una hora de tráfico. Un tipo de unos veintiséis años, sombrero de fieltro con cordón en lugar de cinta, cuello muy largo como si se lo hubiera estirado. La gente baja. El tipo en cuestión se enfada con un vecino. Le reprocha que lo empuje cada vez que pasa alguien. Tono llorón que se las da de duro. Al ver un sitio libre, se precipita sobre él.

Dos horas más tarde, lo encuentro en la plaza de Roma, delante de la estación de Saint Lazare. Está con un compañero que le dice: «Deberías hacerte poner un botón más en el abrigo.» Le indica dónde (en el escote) y por qué.

1. *Metafóricamente*

En el centro del día, tirado en el montón de sardinas viajeras de un coleóptero de abdomen blancuzco, un pollo de largo cuello desplumado arengó de pronto a una, tranquila, de entre ellas, y su lenguaje se desplegó por los aires, húmedo de protesta. Después, atraído por un vacío, el pajarito se precipitó sobre él.

En un triste desierto urbano, volví a verlo el mismo día, mientras se dejaba poner las peras a cuarto a causa de un botón cualquiera.

2. Palabras compuestas

Yo me platautobúsformaba comultitudinariamente en un espaciotiempo luteciomeridiano vecinando con un longuícolo mocoso fieltrosombrereado y cordonotrenzón. El cual altavoceó a un tipofulano: «Usted me empujaparece.» Tras eyacular esto, se sitiolibró vorazmente. En una espaciotemporalidad posterior, volví a verlo mientras se sanlazaroestacionaba con un X que le decía: «Deberías botonsuplementarte el abrigo.» Y le porquexplicaba el asunto.

3. Retrógrado

Te deberías añadir un botón en el abrigo, le dice su amigo. Me lo encontré en medio de la plaza de Roma, después de haberlo dejado cuando se precipitaba con avidez sobre un asiento. Acababa de protestar por el empujón de otro viajero que, según él, le atropellaba cada vez que bajaba alguien. Este descarnado joven era·portador de un sombrero ridículo. Eso ocurrió en la plataforma de un S completo aquel mediodía.

4. Apócopes

Yo su en un aut lle de viaje. Obser un jo cu cue er pareci al de u gira y que lleva un sombre con un ga tren. Es se enfa con o ciaje, repro que le pisote ca vez que subí o baja gen. Lue se mar a sentar por habí un si li.

Al vol lo vol a encon delan de la esta con un ami que acon so vesti señalan el pri bo de su abri.

5. *Telegráfico*

BUS ABARROTADO STOP JOVEN CUELLO LARGO SOMBRERO CORDÓN APOSTROFA VIAJERO DESCONOCIDO SIN PRETEXTO VÁLIDO STOP PROBLEMA DEDOS PIES ESTRUJADOS CONTACTO PRESUMIBLEMENTE ADREDE STOP JOVEN ABANDONA DISCUSIÓN POR SITIO LIBRE STOP CATORCE HORAS PLAZA ROMA JOVEN ESCUCHA CONSEJOS INDUMENTARIOS COMPAÑERO STOP DESPLAZAR BOTÓN STOP FIRMADO ARCTURUS.

6. *Médico*

Tras una breve sesión de helioterapia, temiendo que me pusieran en cuarentena, subí por fin en una ambulancia llena de casos clínicos. Allí diagnostico un gastrálgico, afectado de gigantismo agudo, con una curiosa elongación traqueal y reumatismo deformante del cordón del sombrero. Este mongólico sufre de pronto una crisis histérica porque un cacoquímico le comprime de pronto su tilosis gonfótica; después, tras un cólico biliar, va a calmar sus convulsiones.

Más tarde vuelvo a verlo junto al Lazareto, consultando a un charlatán sobre un forúnculo que deslucía sus pectorales.

El modo

El modo de narrar engloba la distancia desde la que el narrador cuenta y el ángulo desde donde lo hace.

El relato es la narración de una historia: una serie de sucesos ligados entre sí narrada por un narrador que «pone en marcha» el relato.

- ¿Qué es lo que hace?
- Selecciona los datos y los hechos.
- Determina los elementos narrativos: personajes, tiempo y espacio.
- Organiza los materiales narrativos, es decir, les asigna un principio y un final, creando un mundo ficticio.

La distancia

La distancia corresponde a la mayor o menor cercanía entre el narrador y los sucesos narrados.

Se puede relatar más o menos extensamente, desde un punto de vista u otro. Distinguimos entre la narración de los acontecimientos y la narración de las voces, de lo que se habla, de lo que se dice en el relato.

En la narración de los acontecimientos se establece una distancia máxima cuando el narrador proporciona una información casi total sin intervenir en dichos acontecimientos, y una distancia mínima cuando ofrece sólo la información que está a su alcance, que resulta ser mínima, junto con un máximo de intervención directa, de modo que participa de lo que sucede a través de comentarios, digresiones, juicios, reacciones emotivas de cualquier clase.

En la narración de lo que se dice se narran acciones verbales de los personajes (*habló, informó, comentó*), pero no se citan sus palabras, sólo la acción de expresar palabras; si se narran las palabras del personaje, pero de forma indirecta, es el llamado estilo indirecto (*Ella habló con el cura: deseaba morirse*) o bien el indirecto libre (*Ella dijo que deseaba morir*); otras veces se citan directamente las palabras del personaje (*Ella le dijo al cura: —Deseo morirme*).

La voz

Surge como producto de la relación entre el narrador y sus actos verbales. Las marcas de la voz se rastrean en el relato a la vez que lo constituyen. Dicha relación da lugar a la categoría de persona de la narración. Así tenemos las narraciones en primera, segunda o tercera persona, que corresponden a un protagonista o un narrador testigo, en cualquiera de los casos.

La visión

Desde el ángulo en el que se sitúa, el narrador ve todo o focaliza los acontecimientos: elige un foco e informa según lo que ese foco le permite. Así, su visión puede ser irrestricta o restringida.

En el primer caso, el narrador pasa sin ningún tipo de trabas de los sentimientos de un personaje en un momento determinado a lo que sucede en otra habitación o en otra época, por ejemplo.

En el segundo, la focalización puede ser interna o externa. Si es interna, coincide con un personaje que piensa y percibe. Si es externa, solamente ve, como una cámara de cine que no puede penetrar en la mente de los personajes: se remite a lo que observa desde fuera.

Sabe y cuenta

La instancia del narrador, entonces, se resuelve según lo que sabe y según lo que dice. Así, puede:

a) Estar fuera de los acontecimientos narrados y referir los hechos sin ninguna alusión a sí mismo: es el clásico relato en tercera persona.

b) Participar en los acontecimientos narrados como protagonista, con un papel secundario o como testigo presencial: habla de sí mismo en primera persona.

Un mismo relato puede estar contado por más de un narrador.

Del tipo de narradores elegidos depende la cadencia de lo narrado. Por ejemplo, si se trata del ocultamiento de un secreto, no resultará ser el mismo relato si lo cuenta un detective o el encubridor del secreto a través de una carta dirigida a su madre.

Clases de narradores

Hay tres perspectivas cardinales que el narrador puede adoptar y dan lugar a tres clases principales de narradores, de las que se deriva una serie de subclases:

a) Omnisciente
Narrador que focaliza todo. Sabe todo acerca de

las acciones, pensamientos y motivaciones de los personajes. En consecuencia, puede hacer acotaciones y juzgar. Su visión es total.

—Es un punto de referencia, una voz, que no se sabe de dónde proviene.

—Tiene el control de todo.

Sus variantes:

a.1) Omnisciente del acontecer:

Acota acerca de las causas o las consecuencias de lo que hacen los personajes.

a.2) Omnisciente de lo psicológico:

Con la historia del personaje, acota también lo que éste siente o piensa.

a.3) Omnisciente que se dirige al personaje:

Actúa como si fuera la conciencia del personaje, a quien va aclarando los hechos de su propia historia.

Atención...

El omnisciente elige un ángulo de visión desde donde nada se le escapa; no hace ninguna alusión a sí mismo y está fuera de lo narrado.

Deja menos libertad al lector.

Sus ventajas: conviene usarlo para contar hechos insólitos o poco probables y para escribir relatos humorísticos.

b) Protagonista

Narrador que habla de sí mismo con un sentido narrativo. Se identifica con un personaje y participa de los acontecimientos. Por lo tanto, está dentro de lo narrado. Su visión es parcial.

Sus variantes:

b.1) Protagonista principal:

El personaje central narra su propia historia. Usa preferentemente el «yo» gramatical.

b.2) Protagonista secundario:

Participa de los acontecimientos, pero cuenta la historia del personaje principal.

b.3) Protagonista epistolar:

Transcripción de una narración personal mediante una carta.

b.4) Protagonista de diario íntimo:

Transcripción de una narración personal hecha en forma de diario.

b.5) Protagonista de informe:

Transcripción de una narración mediante un informe referido a sí mismo.

b.6) Protagonista de monólogo interior:

Es la narración cuyo énfasis está puesto sobre la «intimidad», los pensamientos del protagonista. Va en presente y se libera de las convenciones de la sintaxis y la gramática. Puede estar vertida en un discurso lógico (p. ej., soliloquio), o prelógico (p. ej., fluir de la conciencia).

Es más creíble para el lector; se asemeja a una persona que le cuenta algo oralmente. Es una voz específica y «directa».

Atención...

El protagonista es un narrador más creíble, pero también más limitado.

En la voz del personaje narrador, protagonista y personaje coinciden. Si el personaje cuenta su propia historia, sólo sabe lo que le pasa a él: no puede saber lo que ocurre simultáneamente en otro sitio ni lo que piensa otra persona. Puede imaginar, sospechar, intuir, dudar, aclarar que se lo han contado, explicar si participa en los hechos sobre los cuales afirma... pero no puede afirmar algo —no puede contarlo— si él no lo vive o lo ha vivido a través de la vista, o cualquiera de los otros sentidos.

c) Testigo

Narrador que observa la escena con ninguna o mínimas alusiones a sí mismo. No sabe nada acerca de los personajes: ve sus movimientos, oye sus palabras, observa el ambiente que los rodea, y lo cuenta. Está fuera de lo narrado y su información es limitada.

Sus variantes:

c.1) Testigo presencial:

Visión objetiva y externa. Puede focalizar como a través de una cámara de fotografía (sin movimiento) o una de cine (con movimiento).

c.2) Testigo de los diálogos:

Presenta el acontecer a través de las voces de los personajes.

c.3) Testigo-protagonista secundario:

Presenta la historia como transcriptor de un documento presentado como auténtico y del que anuncia ser compilador, editor o traductor.

c.4) Testigo testimonial:

Indica que su narración es testimonial, para lo cual suele incluir algún tipo de documento real o ficticio.

Atención...

El narrador testigo puede contar distanciándose de los hechos o demostrando que es un testigo habitual. En el primer caso, se limita a comentar fríamente lo que ocurre, tomando distancia y con una frialdad deliberada.

Conviene usarlo en la literatura policíaca, en la que narrador y lector deducen juntos a partir de lo que «ven».

d) Multiperspectivismo

Una perspectiva diferente es la del narrador múltiple o visión estereoscópica. Son varias visiones cambiantes y a veces contradictorias según el punto de vista adoptado, que entre todas informan y cuentan el relato. Pueden converger o no, pero, en conjunto, constituyen un todo coherente. Por ejemplo, diferentes narradores pueden contar la misma historia, cada uno a su manera. En este caso, el relato se construye gracias a un conjunto de informaciones parciales.

La subjetividad

Como hemos visto, la amplia gama de focalizaciones que podemos utilizar nos permite pasar de la máxima subjetividad a la máxima objetividad en una narración.

Es conveniente distinguir si el poder de la narración lo tiene el personaje (coincidente con el narrador) o un narrador que no participa de la situación. Meditar acerca de estas y otras posibilidades resulta ineludible para transmitir con mayor precisión la experiencia que se desea contar. Podemos trabajar así el relato desde la subjetividad del personaje o la del narrador omnisciente, como se puede observar en los siguientes ejemplos.

En el primer fragmento, correspondiente a *Nos han dado la tierra*, de Juan Rulfo, la subjetividad proviene del personaje y de su modo de enfocar el espacio, al que otorga una dimensión:

> Vuelvo hacia otros lados y miro el llano. Tanta y tamaña tierra para nada. Se le resbalan a uno los ojos al no encontrar cosa que los detenga. Sólo unas cuantas lagartijas suelen asomar la cabeza por encima de sus agujeros, y luego que sienten la tatema del sol corren a esconderse en la sombra de una piedra. Pero nosotros, cuando tengamos que trabajar aquí, ¿qué haremos para enfriarnos del sol? Porque a nosotros nos dieron esta costra de repetate para que la sembráramos.

El segundo fragmento, correspondiente a Eça de Queirós, *Los Maias*, pone en escena la subjetividad de un narrador omnisciente:

> Cuando murió la madre, en una terrible agonía de devota, debatiéndose días en los pavores del infierno. Pedro tuvo en su dolor los arrebatos de una locura. Había hecho la promesa histérica, si ella escapase, de dormir durante un año sobre las losas del patio: y llevado el ataúd, salidos los curas, cayó en una angustia taciturna, obtusa, sin lágrimas, de la que no quería emerger, estirado de bruces sobre la cama en una obs-

tinación de penitente. Todavía durante muchos meses no se apartó de él una tristeza vaga: y Alfonso da Maia ya se desesperaba viendo a aquel muchacho, su hijo y heredero, salir todos los días a pasos de monje, lúgubre en su luto pesado, para ir a visitar la sepultura de la mamá...

Tonos de la voz narrativa

Además de situarse en un ángulo preciso, el narrador adopta la inflexión de voz apropiada, el tono, para conseguir un efecto. La misma anécdota varía según el tono con que se cuente. Se puede adoptar un tono irónico, agresivo, desconfiado, desafiante, falso, persuasivo, triste, explicativo, entusiasta, interrogativo, dubitativo, exagerado, analítico, etc. Según cuál sea el tono, el relato cambia. Es decir, partiendo de la misma anécdota (enfocada desde el mismo lugar), podemos elaborar distintos mensajes al variar la actitud de la voz o la intención del que habla en el relato.

El registro de tonos posibles oscila entre la mayor implicación emotiva del narrador y la implicación nula del mismo.

En este amplio espectro se destacan los siguientes:

1) Narrador muy implicado emotivamente.

• La emoción es el regulador del tono narrativo, los sentimientos son los productores del mismo.

• Las frases pueden ser complejas y ambiguas.

• Abundante adjetivación.

• Utiliza figuras retóricas propias del discurso lírico.

2) Narrador nada implicado emotivamente.
- La exposición es el regulador del tono narrativo.
- Emplea formas impersonales y generales.
- Las frases son claras y exactas.
- Ofrece datos específicos.

Contraste entre tono y tema

La elección del tono narrativo puede vincularse al tipo de tema o a la forma en que se quiera exponer. Para desarrollar un tema escabroso se puede utilizar el tono dubitativo, por ejemplo. Una posibilidad sumamente productiva, por su poder revelador, es la que resulta del contraste entre el tema planteado y el tono utilizado.

Ejemplo:
En el siguiente relato, el tema se vincula con la emoción y el tono es el de la explicación y las instrucciones, un tono impersonal en el que no participa la emotividad.

Dejando de lado los motivos, atengámonos a la manera correcta de llorar, entendiendo por esto un llanto que no ingrese en el escándalo, ni que insulte a la sonrisa con su paralela y torpe semejanza. El llanto medio u ordinario consiste en una contracción general del rostro y un sonido espasmódico acompañado de lágrimas y mocos, estos últimos al final, pues el llanto se acaba en el momento en que uno se suena enérgicamente.

Para llorar, dirija la imaginación hacia usted mismo, y si esto le resulta imposible por haber contraído el hábito de creer en el mundo exterior, piense en un pato cubierto de hormigas o en esos golfos del estrecho de Magallanes *en los que no entra nadie, nunca.*

Llegado el llanto, se tapará con decoro el rostro usando ambas manos con la palma hacia dentro. Los niños llorarán con la manga del saco contra la cara, y de preferencia en un rincón del cuarto. Duración media del llanto, tres minutos.

JULIO CORTÁZAR
«Instrucciones para llorar»

El contraste establecido en el relato anterior se sintetiza de la siguiente manera:
- Qué se dice (la historia narrada): atañe a los sentimientos.
- Cómo se dice (el discurso empleado): es un tono neutro, impersonal.

Atención...

Todas las combinaciones son posibles, pero es conveniente reflexionar, decidir cuál nos conviene y elegir una según lo que queremos contar. No conviene escribir sin saber por qué usamos un narrador y no otro.

Encontrar nuestro personaje

La idea inicial de un relato puede centrarse en un personaje. Si es así, antes de empezar a escribirlo, debemos ser muy conscientes de que escribirlo es dotarlo de vida. Un personaje es un ser de tinta que vive y muere únicamente en la pantalla del ordenador, en una libreta o en las páginas del libro. Entonces, aunque nos sirva de modelo un personaje real, su biografía, o lo que de su biografía conozcamos, el trabajo del escritor consiste en destacar unas facetas y ocultar otras. Como dice Umberto Eco, «nosotros (los lectores) conocemos mejor a Julien Sorel, el protagonista de *El rojo y el negro*, de Stendhal, que a nuestro padre: porque de nuestro padre se nos escaparán siempre muchos aspectos no entendidos, muchos pensamientos acallados, acciones no motivadas, afectos no declarados, secretos no custodiados, memorias y asuntos de su infancia, mientras que de un personaje narrativo sabemos todo lo que hay que saber. Cuando escribía esto mi padre todavía vivía. Después entendí hasta qué punto habría querido saber aún más cosas sobre él, pero me he quedado solo para extraer sólo pálidas inferencias de desdibujados recuerdos. En cambio, de Julien Sorel se me dice todo lo que resulta necesario para entender su historia, y la de su generación, y cada vez que vuelvo a leer a Stendhal me entero de algo más sobre Julien».

La grieta en la rutina

Generalmente, un escritor de cuentos se concentra en un único personaje dentro de un solo episodio, no se ocupa de la evolución de este personaje, sino que lo presenta en un instante especialmente revelador, un momento de cambio en su comportamiento que fractura y trastoca su cotidianidad o, al menos, abre una grieta en su mundo habitual. James Joyce lo denomina «epifanía», y en varios relatos de *Dublineses* los personajes enfrentan un momento de crisis; otros buenos ejemplos son los relatos de Katherine Mansfield y los de Ernest Hemingway en los que alguien vive una situación crítica, debido a la cual cambia su visión de las cosas. En algunos casos, el mismo personaje percibe este cambio; en otros, lo percibe el lector.

La evolución

Existen distintas formas de presentar un personaje en el relato. Hay una historia de variantes y evoluciones en el ámbito del personaje, pero son dos las orientaciones principales:

a) Personaje equiparado a «persona».

En la época del realismo se lo convierte en héroe, se cuenta su biografía desde fuera. Más tarde, y durante el transcurrir del siglo XX, para las diversas corrientes literarias que se suceden o se superponen, no pasa inadvertido el personaje, se lo trata de formas muy variadas. Se habla de él desde dentro o se lo niega hasta tal extremo que el planteamiento es: importa el acontecimiento, y lo que le sucede al personaje (suceso que engendra el relato) puede sucederle a cualquiera.

b) Personaje considerado por su función en el texto, como construcción verbal, como un elemento articulador de la materia narrativa en un esquema dinámico.

Entre una serie de clasificaciones, se destacan algunas todavía válidas para nuestros fines porque siempre pueden aportar ideas, que les otorgan un rol o una función en el conjunto. Entre ellas, citamos algunas.

A partir de las formas invariantes de los cuentos tradicionales, Vladimir Propp señala treinta y una funciones (define la función como la acción de un personaje según su significación en la intriga) constantes, cuya sucesión es siempre idéntica y cuyos modos de relación principales son: prohibición-transgresión, interrogación-información, combate-victoria. Las esferas de acción de los personajes entre los que se reparten las funciones son: el héroe, la princesa, el agresor, el mandatario, el auxiliar, el donante, el falso héroe. Por último, Propp denomina «secuencia» a cada uno de los desarrollos que, partiendo de una fechoría o una carencia, llevan a un desenlace. Así, un cuento está compuesto por un conjunto de secuencias.

J. A. Greimas distingue seis actantes (sujetos de la acción) relacionados entre sí según sus funciones: sujeto-objeto; ayudante-oponente; destinador-destinatario. En este último caso, se considera que un relato es una cadena de funciones que aproximan o separan a los personajes constituyendo un número (determinado para cada relato) de polígonos diferentes de relaciones. El eje sujeto-objeto es el impulsor de la historia; el eje ayudante-oponente facilita u obstaculiza el desarrollo de la acción, y el eje destinador-destinatario corresponde a las motivaciones y los impulsos.

Atención...

El personaje tiene dos dimensiones:

1. Tiene atributos de «persona».

2. Es un componente textual, cumple diversos roles que permiten componer y distribuir en un orden el relato, según el sentido que persigamos.

Darlo a conocer

Sea cual sea nuestra concepción del personaje como parte del relato, debemos tener muy claro «quién es» para permitirle actuar de un modo peculiar y diferenciado en su mundo de personajes.

Una vez que sabemos quién es nuestro personaje, se trata de presentarlo tal como nosotros lo vivenciamos: como un ser diferente o que concentra en sí mismo los aspectos que necesitamos para convertirlo en centro, impulsor o soporte de una historia. Para ello, decidiremos si es principal o secundario, dinámico o estático (que varía o no varía en el transcurso del relato), sencillo o complejo e imprevisible.

Presentarlo no significa describirlo, sino seleccionar las reacciones, pensamientos, expresiones; es decir, de la amplia gama que compone su biografía, elegir sólo aquellos datos o detalles relevantes según la idea que vamos a desarrollar.

Las preguntas que debemos hacernos para perfilarlo con nitidez y singularidad se vinculan a los mecanismos que nos permiten (o mejor, permiten al narrador) construirlo, vigilando todos los frentes. Cuanto más sepamos de nuestro personaje, mejor podremos encauzar la voz narrativa, ajustarla, detectar la que informe con más exactitud al lector sobre el sujeto de papel, protagonista de nuestro relato y sobre sus acompañantes. Para definir a nuestros personajes recurrimos especialmente a los siguientes aspectos, que debemos conocer aunque no los incluyamos en el texto, y que nos permiten caracterizarlos de forma directa o indirecta, tanto a los principales como a los secundarios:

• Sus acciones, sus gestos, sus actitudes en general. Así, puede ser el agente de una secuencia narrativa (amor, búsqueda, venganza, etc.) en una acción permanente o transitoria.
• Su forma de hablar y el contenido de lo que dicen.
• Sus pensamientos, sus reflexiones, sus opiniones.
• Sus deseos.
• Sus evocaciones.
• Sus sentimientos y estados anímicos.
• Su nombre.
• Su vestimenta.
• Un detalle (o emblema).
• Los objetos que suelen preferir o los que los rodean.
• Sus desplazamientos.
• Los ritos.
• El tipo de espacio al que pertenecen.
• El momento que viven y la época en que transcurren los acontecimientos.
• Los otros personajes, con los que se relacionan,

y el tipo de relaciones instauradas: equivalencias y diferencias; la red de relaciones establecida con sujetos, objetos y con el narrador.

Diferenciarlos

Diferenciar los personajes es un objetivo importante para que resulten creíbles. Así como pocas personas son iguales entre sí, también los personajes se diferencian y deben reaccionar, hablar, actuar, etc., según sus características peculiares. Un mecanismo que nos puede facilitar esta tarea es la oposición. Por ejemplo, oponer sus rasgos.

Como primer paso, podemos establecer ejes semánticos en torno a los cuales agrupamos significados opuestos que nos permitirán decidir cómo constituimos los personajes: aplicamos un conjunto de rasgos a cada uno. Dice Mikel Bal: «Una vez hecha una selección de ejes semánticos pertinentes, ésta puede funcionar como medio de localización de las similitudes y las oposiciones entre las personas. Con la ayuda de esta información podremos determinar las cualidades con que se ha dotado a un personaje. Algunos corresponden a un papel social o familiar. En este caso entrará en juego la determinación. Un personaje es, por ejemplo, campesino y padre. Ambos papeles determinan fuertemente la clasificación que recibe. En un caso como éste a nadie sorprendería si el personaje —en una historia tradicional— fuese fuerte, trabajador y estricto. Lo opuesto a fuerte es débil; a trabajador, vago; a estricto, flexible. El otro polo de estos ejes se llena probablemente con un personaje cuyo papel es igualmente claro. Sorprendería poco si el campesino tiene su contraste en su débil y afeminado hijo estudiante. Según este prejuicio, el joven será holgazán. La calificación de "flexible" es difícilmente aplicable al hijo; no ocupa la clase de situación de poder que le permita elegir entre la rigidez y la indulgencia. Este polo lo llenará —¿cómo iba a ser de otra forma?— su madre. Si intentásemos ahora reunir las diversas calificaciones que hemos aislado para todos estos personajes, acabaría con un diagrama de la naturaleza del que viene a continuación, el cual, para mayor claridad, se ha esbozado incompleto.» Así, los pares opuestos podrían ser:

- Dichoso / Desdichado
- Rico / Pobre
- Bueno / Malo
- Fuerte / Débil
- Optimista / Pesimista
- Avaro / Generoso

Ejemplo:

En *Emma Zunz*, de Borges, hay una evidente antítesis entre la protagonista de la historia, Emma Zunz, y el antagonista, Aarón Loewenthal. Son los dos polos de una oposición basada en la necesidad de venganza: con Emmanuel Zunz, padre de Emma, se ha cometido una injusticia que ella quiere vengar.

No sabemos nada del aspecto físico de Emma, pero se sugiere que es atractiva: «se vio multiplicada en espejos, publicada por luces y desnudada por los ojos hambrientos», y conocemos su edad: «En abril cumpliría diecinueve años...» Aarón Loewenthal es calvo, corpulento.

Por otra parte, tenemos:

Emma Zunz	Aarón Loewenthal
Obrera	Patrón
Joven	Viejo

Su procedencia

Son innumerables las fuentes que nos pueden ofrecer la «punta» de un personaje. Del mundo real extraemos buena parte de estas puntas. Es decir, podemos reunir datos reales para nuestro personaje de ficción. Para ello, recopilamos la mayor cantidad posible de datos de varias personas famosas o de nuestro entorno que sirvan para nuestros fines, seleccionamos unos datos de un personaje y los mezclamos con los de otros. Surgirá uno nuevo según nuestros propósitos. Procedemos de la siguiente manera:

1. Buscamos un personaje que reúna una serie de zonas conflictivas o llamativas.

• El personaje conocido elegido: Hillary Clinton.

• Los datos recopilados a través de los medios de comunicación:

Esposa de presidente / mujer traicionada / leal a su esposo / enérgica / universitaria / asimila velozmente la información / inspira devoción y desdén / impenetrable / competitiva / ambiciosa / de su aspecto físico se ocupa un equipo / los padres le inculcaron la negación del cuerpo, de la belleza, y que debía convertirse en la primera mujer que llegara al Tribunal Supremo / una hija / rubia / ojos claros / usa lentillas / piernas gruesas.

2. Recurrimos a un personaje de nuestro entorno particular:

Mujer soltera / suele tener mareos / vuelve a su casa muy tarde y hace llamadas telefónicas / envidiosa / tiene un anillo de oro / se despierta de noche y no vuelve a conciliar el sueño / llora ante cualquier situación.

3. Recurrimos a otro personaje de nuestro entorno particular:

Mujer gorda / tiene dos hijos / come bombones a escondidas / se viste de negro / tiene un chal con lentejuelas / nadie sospecha que su deseo más íntimo es ser actriz porno.

4. Procesamos los datos que caracterizarán a nuestro personaje:

Conflicto con la imagen / competitiva / envidiosa / hace llamadas telefónicas a sus padres / llora ante cualquier situación, pero lo hace en privado / nadie sospecha que su deseo más íntimo es ser actriz porno.

Formas de encararlo

Entre las formas de abordar al personaje en un relato, hay dos grandes divisiones: la tradicional, que lo toma como sujeto principal, y la moderna, que lo toma como un elemento más en el sistema del acontecer.

Como centro del acontecer

Un personaje puede ser el centro en torno al cual giran los acontecimientos.

Ejemplo:

En el hotel había noventa y siete agentes de publicidad neoyorquinos. Como monopolizaban las líneas telefónicas de larga distancia, la chica del 507 tuvo que esperar su llamada desde el mediodía hasta las dos y media de la tarde. Pero no perdió el tiempo. En una revista femenina leyó un artículo titulado «El sexo es divertido o infernal». Lavó su peine y su cepillo. Quitó una mancha de la falda de su traje beige. Corrió un poco el botón de la blusa de Saks. Se arrancó los dos pelos que acababan de salirle en el lunar. Cuando, por fin, la operadora la llamó, estaba sentada en el alféizar de la ventana y casi había terminado de pintarse las uñas de la mano izquierda.

J. D. Salinger
«Un día perfecto para el pez plátano»
(Nueve cuentos)

Como receptáculo

Son formas de encarar al personaje, desvinculadas de la idea tradicional del héroe. Se destaca en la mayoría de los cuentos de Horacio Quiroga, cuyos personajes reúnen las siguientes características:

- No tienen biografía.
- No tienen nombre propio; se nombran con un

pronombre o con una generalización tal como «el hombre».

• No se sabe cómo llegaron a la situación en que se encuentran.

• La figura del personaje es dominada por los acontecimientos.

• Lo que le ocurre al personaje puede sucederle a cualquiera; por lo tanto, se excluye la psicología.

Ejemplo:

El hombre y su machete acababan de limpiar la quinta calle del bananal. Faltábanles aún dos calles; pero como en éstas abundaban las chircas y malvas silvestres, la tarea que tenían por delante era muy poca cosa. El hombre echó en consecuencia una mirada satisfecha a los arbustos rozados, y cruzó el alambrado para tenderse un rato en la gramilla.

Mas al bajar el alambre de púa y pasar el cuerpo, su pie izquierdo resbaló sobre un trozo de corteza desprendida del poste, al tiempo que el machete se le escapaba de la mano. Mientras caía, el hombre tuvo la impresión sumamente lejana de no ver el machete de plano en el suelo.

HORACIO QUIROGA
El hombre muerto

Entre las variadas posibilidades de trabajar de este modo al personaje, trastocando la idea tradicional, podemos señalar las siguientes:

• Otorgar a uno o varios personajes la condición de «reflectores»; el narrador cuenta sólo lo que estos protagonistas seleccionados ven desde su perspectiva.

• Disgregar la figura del héroe, incluidos su carácter verdadero y el nombre, como en *El proceso*, de Franz Kafka: el protagonista se llama K y es una nulidad, un hombre indefinido.

• Negarle dimensión interna.

• Insinuar sensaciones, reacciones, observaciones, que no se definen del todo y aparecen como sugerencias para el lector.

Entre los procedimientos existentes que apuntan a la desintegración del personaje como héroe único, destacamos por aprovechables las siguientes, descritas por Noé Jitrik:

1. Procedimiento de la grupalización.

El procedimiento de la grupalización es la tentativa de romper la «psicología» radicada en lo individual y proponer una figura más amplia; en el fondo, se trata de una vuelta al mito, al coro que actuaba como un solo cuerpo.

Ejemplo:

Lo vemos en dos cuentos de Julio Cortázar. En *Las babas del diablo* la conjetura se constituye con respecto a la «identidad»; en lugar del acostumbrado «yo vi», por ejemplo, el autor conjetura acerca de un posible narrador grupal aún inexistente:

Si se pudiera decir: yo vieron subir la Luna, o: nos me duele el fondo de los ojos...

Otro ejemplo de grupalización lo vemos en *Cefalea*:

> No nos sentimos bien. Esto viene desde la mañana, tal vez por el viento caliente que soplaba al amanecer, antes de que naciera este sol alquitranado que dio en la casa todo el día. Nos cuesta atender a los animales enfermos —esto se hace a las once— y revisar las crías después de la siesta. Nos parece cada vez más penoso andar, seguir la rutina; sospechamos que una sola noche de desatención sería funesta para las mancuspias, la ruina irreparable de nuestra vida.

2. Procedimiento de la permutación.

El procedimiento de la permutación se refiere a la cuestión de la identidad del personaje.

En *Las ruinas circulares*, de Jorge Luis Borges, un hombre se pone a soñar la forma de otro hombre, minuciosamente, rasgo por rasgo.

La fórmula de la permutación se presenta, pues, del siguiente modo: A es tal vez B, nada indica que sea A ni que B sea o no sea.

Lo no verificable corresponde al mundo real: literariamente es verificable.

Así el personaje se diluye en su consistencia posible de persona.

Otros ejemplos:

La forma de la espada, también de Borges, en el que el Inglés, personaje con una cicatriz en la cara, cuenta a Borges la historia de un grupo de terroristas irlandeses: había entre ellos un traidor llamado Vincent Moon; el Inglés cuenta que él fue el designado para ejecutarlo y que después de perseguirlo le cruzó la cara con la espada: él es Vincent Moon.

En *Paradiso*, de José Lezama Lima, los tres últimos capítulos narran tres historias en las que al final hay una permutación entre el centurión romano y el crítico musical.

En *La noche boca arriba*, de Julio Cortázar, hay una permutación entre el motociclista accidentado y una víctima de un ritual azteca. Se realiza durante la anestesia, pero consigue también diluir al personaje.

En *Las ruinas circulares*, de Borges:

> En un alba sin pájaros el mago vio cernirse contra los muros el incendio concéntrico. Por un instante, pensó refugiarse en las aguas, pero luego comprendió que la muerte venía a coronar su vejez y a absolverlo de sus trabajos. Caminó contra los jirones de fuego. Éstos no mordieron su carne, éstos lo acariciaron y lo inundaron sin calor y sin combustión. Con alivio, con humillación, con terror, comprendió que él también era una apariencia, que otro estaba soñándolo.

3. Procedimiento de la mezcla de planos.

Lo que se consigue con la mezcla de planos es la duda de lo real.

Ejemplo:

En *La vida breve*, de Juan Carlos Onetti, Brausen, el protagonista, escribe un guión de cine cuyo personaje se llama Díaz Grey; paulatinamente, Díaz Grey se libera de Brausen y empieza a relatarse en primera persona, hasta el final de la narración; es decir, desplaza al personaje que imagina, representante del real.

La mezcla de planos consiste, por lo tanto, en la reunión de formas de personajes diferentes y opuestos, y provoca una fisura de lo real.

En *La mujer parecida a mí*, de Felisberto Hernández, el personaje dice:

> Hace algunos veranos empecé a tener la idea de que yo había sido caballo. Al llegar la noche ese pensamiento venía a mí como a un galpón de mi casa. Apenas yo acostaba mi cuerpo de hombre, ya empezaba a andar mi recuerdo de caballo.

Los dos planos son dos entidades de distinto signo, un animal y una persona, ligados por una sospecha: ¿qué es lo real?

El tiempo del relato

El escritor manipula el tiempo real, cronológico, objetivo; lo fragmenta, lo distorsiona, lo invierte. Dice Gérard Genette: «una de las funciones del relato es transformar un tiempo en otro tiempo». El tiempo del relato se especifica tanto por el lapso que dura la narración y por la época que indica la historia como por los tiempos verbales, que funcionan como indicadores en el discurso.

Entre la extensión del relato —una página, varias— y el tiempo de la historia que narra —épocas, períodos, momentos—, existen tres tipos de relaciones fundamentales que determinan una narración:

1. *Orden:* es la relación entre la sucesión de los acontecimientos de la historia y su disposición en el discurso.

2. *Duración:* es la relación entre el tiempo que se prolonga la historia —segundos, minutos, horas, días, años— y la extensión que el tiempo le dedica.

3. *Frecuencia:* es el número de veces que los acontecimientos se repiten en la narración.

Teniendo en cuenta estas tres variantes, dosificamos y adaptamos a las necesidades del relato el tiempo narrado. De este modo, un relato puede presentar información retrospectiva o prospectiva, y su duración puede acelerarse o desacelerarse independientemente del argumento originario.

Tipos de conexiones

La estructura temporal del relato puede ser muy simple, reduciéndose a una narración lineal, una progresión continua entre el principio y el final, o compleja, una progresión discontinua interrumpida por digresiones, avances, retrocesos, evocaciones, predicciones, inversiones. Incide en el ritmo de la acción: la velocidad del acontecer puede ser lenta o rápida.

La conexión entre el tiempo objetivo y el narrado (exigido por el relato) puede operarse principalmente mediante:

1. Inversiones: los acontecimientos no se relatan cronológicamente, sino que se presentan hechos an-

teriores a la acción principal. Ocurre, por ejemplo, en los relatos detectivescos, en los que primero aparece el cadáver y después el sujeto muerto, vivo.

2. Historias engarzadas: se interrumpe el orden de una historia para contar otra.

3. Escamoteo: cuando se omiten años en la vida de un personaje.

4. Resumen: cuando en un trozo breve del texto se resume un amplio período de una vida.

5. Análisis: la escritura es más vasta en el tiempo que la historia narrada.

6. Repetición: la misma historia es contada varias veces según la visión plural del narrador.

La manifestación verbal

Los tiempos verbales son los modos que tiene el hablante para pensar y expresar la realidad como comportamiento del sujeto. No corresponden al tiempo físico, que se determina mediante los adverbios y las fechas del calendario. El campo temporal del relato está constituido por una red que permite al narrador definir su actitud frente a lo narrado e indicar las acciones. Los filósofos racionalistas consideran que los verbos señalan el tiempo según ciertos puntos de referencia ligados entre sí, que en las formas del indicativo serían:

• Primer punto: el instante en que se habla (presente: amo); lo anterior (pretérito: amé) y lo posterior (futuro: amaré).

• Segundo punto: uno de los tres tiempos del primer punto respecto del cual otro tiempo puede significar anterioridad (antepretérito: hube amado), coexistencia (copretérito: amaba) o posterioridad (pospretérito: amaría y antepospretérito: había amado).

Atención...

Tener en cuenta el amplio espectro de tiempos verbales, en lugar de remitirnos automáticamente al pretérito indefinido combinado con el pretérito imperfecto del indicativo, es una regla de oro para conseguir el ritmo buscado y referir la historia con mayor exactitud.

Es preciso, pues, recurrir a una gramática y estudiar modos y tiempos verbales para su conveniente utilización.

El espacio del relato

El espacio es el lugar o los lugares, geográficos, ambientales, particulares, minúsculos o infinitos, en los que se desarrollan los hechos y tiene distintas funciones. Desarrollar el relato en un espacio determinado, concebido según las reglas que el propio relato impone, nos permite, entre otros, los siguientes logros:

• Caracterizar a un personaje.
• Crear un clima.
• Situar en el tiempo y en la situación social.

- Abrir una expectativa al lector según el tipo de relato de que se trate.
- Hacer más creíble la acción o el conflicto.
- Economizar explicaciones que la descripción misma (del espacio) sugiere.
- Señalar estados de ánimo del personaje.
- Otorgar dinamismo a la narración, teniendo en cuenta que el movimiento del personaje se explicita mediante su paso por distintos lugares.
- Reforzar el desarrollo de los hechos.

Objetivo o no

Los relatos «transportan» al lector a diferentes lugares, reales o imaginarios. Los reales, concretos, que se pueden ver y palpar son los espacios objetivos. Los imaginarios, mentales, son los subjetivos.

- *Objetivo*. Cumple una serie de funciones con respecto a los personajes, les otorga un contorno social, histórico, ético. Puede ser abierto o cerrado, rural o urbano, vacío o habitado, clásico o moderno, oscuro o claro, amplio o reducido, etc.

Ejemplo:
En el siguiente relato, el espacio es vertebrador de la historia y, entre otras características, es abierto, amplio y otorga un contorno social a los personajes.

El Rosedal era la hacienda más codiciada del valle de Tarma, no por su extensión, pues apenas llegaba a las quinientas hectáreas, sino por su cercanía al pueblo, su feracidad y su hermosura. Los ricos ganaderos tarmeños, que poseían enormes pastizales y sembríos de papas en la alta cordillera, habían soñado siempre con poseer ese pequeño fundo donde, aparte de un lugar de reposo y esparcimiento, podrían hacer un establo modelo, capaz de surtir de leche a todo el vecindario.

Julio Ramón Ribeyro
Silvio en el Rosedal

• *No objetivo.* Puede dar cuenta de la psicología de los personajes, de sus deseos, etc. Así podemos elegir un espacio onírico, mítico, simbólico, mágico, entre otros.

Ejemplo:

Empezaba a subir por la escalinata. No miraba a los ojos de los viejos que vigilaban la galería. Había un viejo que daba miedo con barba y una pelliza blanca alrededor del cuello. El pasillo era inmenso y terminaba entre las cúpulas de los árboles. Era un verano de luna siempre llena. Desde la terraza llegaba el sonido del gramófono y las cigarras cantaban, cantaban. Un paso sobre un hexágono blanco, un paso sobre un hexágono negro. Cuidado con equivocarse de baldosa, el ángel de la guarda lo seguía. Se daba la vuelta de repente, y sin embargo no conseguía sorprenderlo nunca.

Antonio Tabucchi
«Nochevieja» *(El ángel negro)*

El lugar más apropiado

Para nuestro relato, seleccionamos un determinado espacio. El espacio elegido es descrito por el narrador o por un personaje, y cumple una función precisa.

Una de las funciones del espacio es ambientar, crear una atmósfera apropiada. En muchos cuentos o novelas, el espacio es el centro de la narración y de él dependen los hechos. Dice Robert L. Stevenson: «Ciertos lugares hablan con su propia voz. Ciertos jardines sombríos piden a gritos un asesinato; ciertas mansiones ruinosas piden fantasmas; ciertas costas, naufragios.»

Por lo tanto, debe responder a algunas condiciones:

- El espacio debe ser creíble y necesario.

Al igual que otros elementos de la narrativa, su participación como elemento del relato debe ser exigida por la historia desarrollada. No podemos emplear un espacio porque nos resulta atractivo si no nos conviene narrativamente.

- El espacio debe ser singular y significativo.

Debemos huir del estereotipo. Dice Enrique Anderson Imbert: «La vista de un trigal soplado por el viento nos crea expectativas muy diferentes de las que nos crea la vista de un callejón tenebroso en un suburbio. Por asociar cosas con emociones ese trigal, ese callejón, nos afectan como símbolos. Nos sugieren acciones posibles, nos preparan para oír cuentos alegres o lúgubres. Bien, la función más efectiva del marco espacio-temporal de un cuento es la de convencernos de que su acción es probable. Un personaje que anda por sitios determinados y reacciona ante conflictos característicos de un período histórico es inmediatamente reconocible. Lo paradójico es que si el sitio y el período, por auténticos que sean, están en el cuento como mero fondo, pueden trastocarse por otros sitios y períodos sin que disminuya la intensidad vital del personaje o la singularidad de una aventura.»

Por ejemplo, no ambientar un amor feliz en un jardín luminoso ni recurrir al gastado pasadizo angosto y oscuro para ambientar una aventura trágica.

Los personajes se desplazan

De la misma manera como trabajamos con el personaje, debemos seleccionar únicamente los detalles indicativos del espacio que deben atravesar los personajes, aunque de ese espacio conozcamos todo.

Por otra parte, nos conviene elegir también qué clase de espacio es conveniente para el desplazamiento de un personaje según el momento físico y mental que le toca vivir.

Atención...

• En un relato, todo puede ocurrir en cualquier parte.

• El espacio es un constituyente de la intriga; lo debemos emplear como un hilo vinculado a los restantes elementos, no aislado.

- Podemos utilizar el espacio como marco de referencia, directamente, o indirectamente para indicar otros datos.
- A partir del espacio podemos configurar un estado mental del personaje, sus deseos, sus sueños.
- El narrador puede focalizar el espacio desde distintos ángulos.

No conviene:
- Utilizar el espacio para «adornar» el relato.
- Convertir el texto en un folleto turístico, con una descripción desvinculada de la trama.
- Ofrecer descripciones demasiado extensas y detalladas, que crean un clima monótono.
- Interrumpir ni paralizar el desarrollo de los hechos apelando a la descripción de un lugar.

3
La articulación del conjunto

Tal como Colón, que partió hacia las Indias y se encontró con América, podemos llegar al final de la escritura de nuestro relato con una perspectiva muy diferente de la que teníamos en el punto de partida. Un relato es siempre una aventura en la cual nunca pasa todo tal cual se había previsto, para bien o para mal. No se puede saber cómo saldrá hasta que se haya emprendido. Sin embargo, contamos con algunos secretos que nos permiten tener una visión del conjunto, orientarlo equilibradamente, destacar lo que queremos transmitir, otorgar a la historia el ritmo apropiado. Estructura, hilo conductor, acción, escena clave son los aspectos que conviene dominar, y el objetivo es que, al escribir o reescribir el relato, sepamos responder a preguntas básicas como las siguientes: ¿de qué depende una estructura bien compensada?, ¿cómo potenciar la acción?, ¿de qué está hecho el hilo conductor?, ¿cuándo una escena es clave?

La estructura

A la estructura del relato corresponden las distintas formas de articular las acciones principales. Está constituida por los núcleos y las catálisis.

Las funciones del relato

En un relato todo tiene importancia, lo que significa que todo cumple una función. Un relato está estructurado por una serie de funciones básicas.

Una función es, siguiendo a Roland Barthes, el alma del relato, su germen, algo que se siembra y tiene que madurar en el mismo relato. El mismo enunciado puede pertenecer a más de una función. Por ejemplo, cuando en *Goldfinger* se enuncia que «James Bond vio un hombre de unos cincuenta años», al enunciado le corresponden dos funciones: la de informante (edad del personaje) y la de indicio (Bond no lo conoce y puede constituir una amenaza).

Las funciones pueden ser:

1. *Distribucionales*. Son funciones que nos permiten desarrollar la historia en un relato. Se dividen en:
   • Principales o núcleos
   • Secundarias o catálisis

2. *Integradoras*. Son funciones que nos permiten dar pistas e informar. Se dividen en:

- Indicios
- Informantes

Por lo tanto, el relato se estructura en:
1. Núcleos
2. Catálisis
3. Indicios
4. Informantes

1. Núcleos, funciones cardinales o nudos

Los núcleos son las acciones principales del relato. Son interdependientes, unas necesitan de las otras. La sucesión de núcleos, conectados entre sí, constituye el argumento de la narración.

Ejemplo:

Los núcleos constitutivos de un relato pueden ser: Sospechar (o sospecha) - desear (o deseo) - desilusionar (o desilusión).

No todas las acciones de un relato son núcleos. Solamente las principales. Por lo tanto, si describimos el esquema de un relato, podemos ver cómo se combinan una serie de acciones secundarias o subnúcleos.

Ejemplo:

Temió lo peor. Entró en la casa aterrorizado. Buscó en la habitación pequeña, revolvió el armario, vació los cajones y nada: se confirmaron sus temores. Amelia lo había abandonado y se había llevado los documentos originales. La persiguió, la alcanzó en la carretera, la enfrentó con sigilo y la mató.

Esquema descriptivo de los núcleos y subnúcleos del relato anterior:

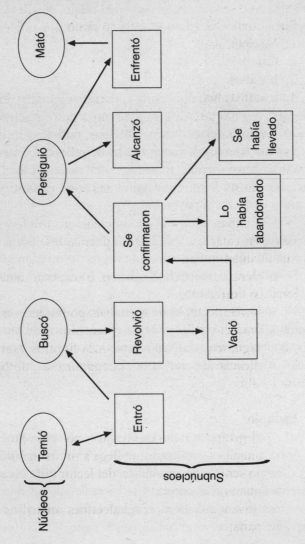

Atención...

Si se reemplaza algún núcleo por otro, si se suprime alguno o se varía su orden en el relato, se altera la historia, varía el argumento. Por lo tanto, los núcleos son irreemplazables.

2. Catálisis

Las catálisis llenan el espacio narrativo que hay entre núcleo y núcleo. Son los «rellenos» entre núcleos. Por lo tanto, también los subnúcleos, como acciones accesorias, son catálisis. La acción de rellenar con catálisis se llama «catalizar».

Las catálisis reúnen las siguientes condiciones:

• Son expansiones de los núcleos: un núcleo se expande en catálisis, indicios e informantes. Pueden proliferar indefinidamente.

• Aceleran, retardan, despistan, o sea, mantienen el contacto entre narrador y lector.

• Si se reemplazan unas catálisis por otras, varía la atmósfera del relato. Podemos plantearnos de antemano el argumento de un relato. A la hora de escribirlo su eficacia dependerá, en buena medida, de cómo se catalice.

Ejemplo:

a) Si el primer núcleo es «llegar», por ejemplo, y el protagonista es un joven que llega a un determinado sitio, no será igual la reacción del lector ante las siguientes maneras de llegar:

• un joven que llega con calcetines amarillos y gorra de pana;

- un joven que llega con una pistola en la mano;
- un joven que llega acompañado de su familia en un coche;

Conclusión: las catalizaciones diferentes varían el clima del relato. En el primer caso, lo sitúa; en el segundo, lo acelera; en el tercero, lo retarda.

b) Trabajamos otra posibilidad con el mismo núcleo: llegar.

No será lo mismo si el joven llega a los siguientes sitios:
- una casa donde habita una pareja de ancianos;
- un lujoso hotel;
- una escuela de párvulos.

c) Trabajamos con los núcleos del ejemplo anterior:

Temió. Buscó. Persiguió. Mató.

Las catálisis que agregamos, como posibilidades diferentes, y que darían lugar a un argumento básico similar, pero a diferentes situaciones y atmósferas, son:
- (Temió) la enfermedad de alguien / un incendio
- (Buscó) un médico / un grifo
- (Persiguió) al médico / al pirómano
- (Mató) al enfermo / al médico / al pirómano

3. Indicios

Los indicios son las funciones del relato que implican algún desciframiento para el lector. Imprescindibles en las narraciones policiales, son los mecanismos aptos para provocar las sospechas. Roland Barthes lo explica con el siguiente ejemplo: «decir que James Bond está de guardia en un escritorio cuya ventana permite ver la luna entre grandes nubes que se desplazan es presentar indicios de una tormentosa noche de verano, y esta deducción misma constituye un indicio de atmósfera que remite al clima pesado, angustioso, de una acción que todavía es desconocida».

Indicios simples pueden ser, por ejemplo, unas pisadas en la nieve que hacen creer en la aparición de un intruso; un ruido raro en la oscuridad, una puerta abierta y nadie en el interior.

Las funciones que cumplen los indicios son las siguientes:

• Movilizan la capacidad de desciframiento del lector.

• Dan a conocer una atmósfera, un carácter, etc.

• Son los pilares fundamentales del suspense. Ante cada indicio, el lector supone varias posibilidades; de cómo se resuelven, o queden abiertas, depende la trascendencia de lo narrado. Y no sólo ocurre en los relatos policíacos. Cuando la serie de indicios que estructuran un relato remite al lector a una solución que, más adelante, el mismo relato desmiente, es posible que el cuento resulte inolvidable.

• Contribuyen a la economía del relato. De hecho, son mecanismos corrientes en las adivinanzas y en los chistes.

4. Informantes

Los informantes son los datos. Conectan el relato con lo real a través del discurso de la ficción.

Son datos precisos, como el nombre de un personaje, la numeración de una calle o la cita de un lugar geográfico.

Ejemplo:
1984 (una fecha)
Woodie Allen (un nombre significativo)
Juan Pérez (un nombre corriente)
Liverpool (una ciudad)

Su utilización en un relato no es arbitraria. Por ejemplo, si se trata de un nombre, no es igual un apodo y un diminutivo que un personaje con dos apellidos. Los nombres, como todos los datos, no deben emplearse por casualidad, sino por un motivo vinculado a las características del personaje mismo. O situar un hecho en un sitio real y concreto como Bolivia no es igual que situarlo en Suecia ni que ambientarlo en un lugar imaginario e inexistente.

Diferencias entre indicios e informantes

Los informantes pueden formar parte de un sistema indicial. Es decir, al ofrecer el dato concreto de un personaje o un sitio, pueden dar un indicio de otra cosa. Por ejemplo, nombrar a Elvis Presley es situar una época, un tipo de música, etc.

Los indicios son siempre significados implícitos; los informantes, por el contrario, no los tienen, por lo menos en el ámbito de la historia: son datos puros, inmediatamente significantes.

Los indicios implican una actividad de desciframiento: el lector tiene que aprender a conocer un carácter, una atmósfera. Los informantes aportan datos a una atmósfera constituida; el informante (por ejemplo, la edad precisa de un personaje) sirve para autentificar la realidad del referente, para enraizar la ficción en lo real.

La funcionalidad de los informantes es más débil que la de los indicios, pero nunca es nula.

Atención...

• Los núcleos no se pueden suprimir.

• Las expansiones, es decir, las catálisis, indicios e informantes, sí se pueden suprimir.

• Los indicios nos remiten a un carácter, un sentimiento, una atmósfera, una filosofía. Las informaciones o informantes sirven para identificar, para situar en el tiempo y en el espacio.

Controlar la estructura es ventajoso

Una vez acabado el relato, uno de los controles que se imponen es el de la estructura. A continuación, desmontamos un relato muy breve, *La uña*, de Max Aub, para señalar las partes que lo estructuran:

El cementerio está cerca. La uña del meñique derecho de Pedro Pérez, enterrado ayer, empezó a crecer tan pronto como colocaron la losa. Como el féretro era de mala calidad (pidieron el ataúd más barato) la garfa no tuvo dificultad para despuntar deslizándose hacia la pared de la casa. Allí serpenteó hasta la ventana del dormitorio, se metió entre el montante y la peana, resbaló por el suelo escondiéndose tras la cómoda hasta el recodo de pared para seguir tras la mesilla de noche y subir por la orilla del cabecero de la cama. Casi de un salto atravesó la garganta de Lucía,

que ni ¡ay! dijo, para tirarse hacia la de Miguel, traspasándola. Fue lo menos que pudo hacer el difunto:
también es cuerno la uña.

¿Cómo está estructurado el relato anterior?
Con una información inicial, una serie de núcleos,
catálisis e indicios, y una reflexión final del narrador,
de la siguiente manera:

Núcleos:
1. Crecer - 2. Meterse - 3. Atravesar

Catálisis (que incluyen los subnúcleos):
La uña del meñique derecho
colocaron la losa
el féretro era de mala calidad
(pidieron el ataúd más barato)
la garfa no tuvo dificultad para despuntar
deslizándose hacia la pared de la casa
serpenteó hasta la ventana del dormitorio
se metió entre el montante y la peana
resbaló por el suelo
escondiéndose tras la cómoda
hasta el recodo de pared
para seguir tras la mesilla de noche
subir por la orilla del cabecero de la cama
atravesó la garganta
tirarse, traspasándola

Indicios:
casi de un salto (advertencia de que algo inminen-
te está por ocurrir).

ni ¡ay! dijo (señal de que la uña la asesina, y a él, al traspasar la garganta de ambos).

Informantes:
Pedro Pérez / Lucía / Miguel
El cementerio está cerca.

Ventajas del control

Una vez acabada la primera escritura del relato, controlar la estructura nos permite:

• Configurar un relato equilibrado. Para ello, una vez escrito el relato, hay que comprobar si los elementos que lo componen están relacionados entre sí, o aparecen una vez y luego el narrador no los retoma ni justifica su inclusión de alguna manera.

• Conseguir que nuestro pensamiento y el texto coincidan.

• Verificar si las catálisis son productivas, es decir, si retardan o aceleran la historia cuando resulta más conveniente.

• Tener en cuenta que los indicios cargan en su seno significaciones implícitas; por lo tanto, son huellas que remiten a otras marcas.

Es un indicio tanto aquel que genera el suspense como el que indica características no explícitas de un personaje, un espacio, etc. Por ejemplo: cierta bebida puede querer dar indicios de un clima y un país.

Atención...

• Evitar los indicios gastados, de los cuales se ha abusado en la literatura. La elección de indicios originales, personales, producto de nuestras vivencias, contribuye a la riqueza del relato.

• Trabajar los indicios como significados implícitos y los informantes como significados explícitos.

• Comprobar si los núcleos del relato responden a los nudos fundamentales de la historia que se desea narrar. En caso negativo, eliminar alguno o reemplazarlos.

• Los informantes deben ser empleados cuando el relato lo exige, no deben ser ornamentales. Tampoco se trata de eliminar alguna información para crear suspense, sino de dar la información precisa y organizada para ello.

El motivo temático

Existen muchas interpretaciones acerca del motivo temático. Empleado desde un enfoque funcional, lo consideramos una unidad mínima temática, más concreta que el tema. Un lugar, un objeto, una actitud pueden funcionar como motivo temático de un texto; es el punto en el que convergen los sentimientos, los objetivos, las acciones del personaje principal.

Emplear un motivo es apelar a algo que nos conmueve. Podríamos entenderlo como el producto de una vivencia interior. En el relato aparece como un elemento reiterativo, una señal «luminosa» en el conjunto, que se aglutina o se expande a lo largo del texto: una prenda de vestir, un recuerdo, una observación, un nombre, un objeto... todo puede ser un motivo temático, una clave orientativa para el lector. Los motivos reiterados se unen en un hilo que permite desenredar la madeja.

Hay relatos en los que no existe un único motivo temático, sino dos o más.

Ejemplo:

En el siguiente fragmento sobresalen dos elementos, uno menos empleado: la camisa, y otro más común: la carta.

Precisamente al lado, la hoja del cuchillo ha dejado sobre el mantel una manchita oscura, alargada, serpenteada, rodeada de señales más tensas. La mano morena, después de haber vagabundeado un momento por los alrededores, sube de pronto hasta el bolsillo de la camisa, donde intenta de nuevo, con un movimiento maquinal, hacer penetrar más a fondo la carta de color azul pálido, doblada en ocho, que sobresale más de un centímetro. La camisa es de una tela recia, un algodón sargado, cuyo color caqui se ha desleído ligeramente a causa de numerosos lavados. Bajo el borde superior del bolsillo corre un primer pespunte horizontal, doblado por otro, unido, cuya punta se dirige hacia abajo. En el extremo de esta punta va cosido el botón destinado a cerrar el bolsillo en condición normal. Es un botón de materia plástica amarillenta; el hilo que lo fija dibuja en su centro una crucecita. La carta, más arriba, está cubierta por una letra fina y apretada, perpendicular al borde del bolsillo.

A la derecha se suceden, por orden, la manga corta de la camisa caqui, la jarra indígena panzuda, de tierra cocida, que señala el centro del aparador; luego, hacia el extremo de éste, las dos lámparas de benzol, apagadas, alineadas una junto a otra contra la pared; más a la derecha aún, el ángulo de la habitación, seguido de cerca por el batiente abierto de la primera ventana.

ALAIN ROBBE-GRILLET
Cuentos

La acción

¿Qué proporciona la acción en un relato?

De cómo se desarrolle la acción depende el ritmo. Acción es cambio. En el curso de una página o de una secuencia, los personajes hacen y aprenden cosas, o consiguen que otros se las hagan. Esas acciones pueden ser suficientes como tales, pero también pueden, además, alterar la caracterización de un personaje, la dinámica de relación entre diversos personajes, o abrir una expectativa en el curso de los acontecimientos. Para ello, planificamos acciones principales y secundarias, únicas o múltiples.

Qué ocurre

Acción es todo lo que ocurre, lo que «pasa», en la narración. Es el conjunto de actividades, movimientos y actos que el desarrollo de la historia comporta. Guy Michaud dice: «La acción consiste precisamente en salir de una situación o, con mayor exactitud, es el paso de una situación a otra. ¿Cómo se opera tal paso? Mediante el resorte dramático. El resorte es, pues, lo que hace avanzar la acción y asegura su duración. Actúa como un motor: introduce en sus relaciones internas una modificación tal que de ella resulta una situación nueva, es decir, un problema dramático nuevo. Comprender una pieza y su acción es ver, por consiguiente, cómo evoluciona y progresa ésta, es comparar la situación inicial y la situación final de cada escena y buscar el resorte mediante el cual se ha modificado la acción en el paso de la una a la otra.»

Las acciones se pueden organizar de diferentes modos para constituir el relato. Generalmente, el orden es progresivo, lo cual significa que respeta el interés progresivo de la historia, desde un inicio hasta el desenlace propio de cada relato. Por lo tanto, puede ser lógico o libre.

Lógico es cuando ordenamos las acciones de manera cronológica y causal: las causas antes que los efectos, y los sucesos primeros en el tiempo antes que los segundos, típico de la novela realista.

Libre es cuando rompemos el orden lógico y ordenamos el relato como mejor convenga para el hilo de la narración, típico de la novela experimental y moderna.

Hay acciones propiamente dichas, las provenientes de la actuación de un personaje, y otras, como los gestos y actitudes, que contribuyen a caracterizarlo. Los cambios en las acciones y conductas de los personajes constituyen la historia.

A menudo, suelen combinarse acciones y gestos en los relatos, como en el siguiente fragmento:

> Levantó un brazo decidida y paró un taxi. «Adelante, sube», dijo abriendo la portezuela. «Usted perdone: no soy Verónica; no sé quién es Verónica, no sé quién es usted.» «Muy bien, subiré yo primero», dijo rozando con el impermeable el agua de la acera. Entonces el tacón del zapato de piel de cocodrilo crujió al partirse, y la mujer de menor edad se agachó amablemente —el gesto, sin embargo, era de fastidio— a recogerlo. «Tenga el tacón, señora.» «Bendita seas», le dijeron, «no has cambiado nada»; y unas manos blandas y fuertes la atrajeron al taxi.

JUSTO NAVARRO
Verónica

El agente y el paciente

La acción está ejecutada por un agente y recae sobre el elemento llamado paciente. Hay casos en los que agente y paciente coinciden: la acción recae sobre el mismo que la ejecuta. Cuando coinciden, puede, a la vez, influir o no en otros personajes. Los diferentes agentes, personajes o actantes, ejecutantes de la acción pueden ser:

• Fuerzas con voluntad, que pueden ser personas, animales o criaturas imaginarias o que producen conductas.

Ejemplo:
En el ejemplo siguiente, agente y paciente coinciden e influyen en los personajes del entorno.

Y entonces mamá se derrumbó completamente. Empezó a llorar, se atragantó con el humo del tabaco, dejó caer el cigarrillo sobre la alfombra y, al rato, entre toses, sollozos e hipos, explicó que sólo habían hecho lo que habían podido.

CRISTINA FERNÁNDEZ CUBAS
El legado del abuelo

• Fuerzas naturales o sobrenaturales sin voluntad y sin propósito, que producen accidentes.

Ejemplo:

Olas poderosas que reventaban en silencio. Roquerías desiertos.

JORGE EDWARDS
El peso de la noche

• El agente o actante ejecuta la acción sobre el paciente, en perjuicio o a favor de él.

Ejemplo:

Chico miró a través del ojo de la escalera el cuerpo destrozado en el fondo.

—¡Dios! ¡Dios! —profirió el señor Drewitt—. ¿Qué ha sucedido?

—¡Esta barandilla! —repuso Chico—. Advertí más de mil veces que alguien se rompería la cabeza. Pero cualquiera hace gastar una gorda al pordiosero de Billy.

Puso la mano vendada en la baranda, empujando

con bruscos tirones hasta que pudo resquebrajarla. La podrida y carroñosa madera cayó sobre el cuerpo de Spicer; un mugriento barrote de nogal quedó partido encima de sus riñones.

GRAHAM GREENE
Brighton parque de atracciones

Clases de acciones

Un relato se constituye mediante una serie de acciones enlazadas entre sí que configuran clases. Elegir una clase de acción y un modo de articulación nos permite crear un clima más o menos dinámico, apunta a la descripción o a la narración. Pueden ser únicas, múltiples, principales, secundarias.

a) Única
Se desarrolla una acción que se expande y concentra la fuerza del relato. Generalmente, corresponde a un párrafo o a una parte del relato, y puede ser la principal. Puede ejecutarla un agente o recibirla un paciente.

Ejemplo:
En el siguiente caso la acción es golpear, ejecutada por un agente. Está reforzada por su contrapunto: detenerse.

Apoyado en el codo, con el cuello doblado, golpeaba sin descanso, y a cada golpe, el agua de la cortadura le azotaba el rostro con gruesas gotas que herían sus pupilas como martillazos. Deteníase, entonces, por un momento, para desaguar el surco y empuñaba de nuevo la piqueta sin cuidarse de la fatiga que engarrotaba sus músculos, del ambiente irrespirable de aquel agujero, ni del lodo en que se hundía su cuerpo, acosado por una idea fija, obstinada, de extraer ese día, el último de la quincena, el mayor número posible de carretillas; y esa obsesión era tan poderosa, absorbía de tal modo sus facultades, que la rotura física le hacía el efecto de la espuela que desgarra los ijares de un caballo desbocado.

Baldomero Lillo
El pago

b) Múltiples

Numerosas acciones vinculadas entre sí pueden constituir una parte o todo el relato. Generalmente, la acción de una novela es el juego de fuerzas opuestas o convergentes. Pueden tener todas la misma importancia o diferenciarse por niveles de importancia para el agente que la ejecuta y el paciente que la recibe. El relato establece una situación de conflicto: los personajes se alían, se persiguen o se enfrentan.

Ejemplo:

En el siguiente ejemplo, las acciones configuran una situación de gran movimiento, en la que los personajes se enfrentan, y son las siguientes:

traen, cargan, apunta, da un salto, quiere protegerse, no está, contar, dividió, aparecieron, volando, se preparaban, sacaba, sostenía, sacaba, se echó, se incorporó, se sacudió, estaba poniendo, quitando, cogieron, empezaron a correr, arrastrando, ofreció, movió, rugió y se lanzó.

Ya se lo traen. Veinte hombres cargan el cañón, el rey apunta, va a disparar... justo en aquel momento el monstruo da un salto adelante. El rey quiere protegerse con la espada, pero antes de que pueda hacer un gesto, la bestia ya no está allí. Los que lo vieron contaban después que por poco se vuelven locos. En una metamorfosis rápida como el rayo el monstruo se dividió en el aire en tres partes. En lugar de un corpachón gris, aparecieron tres personas con uniformes de policía que, todavía volando en el aire, se preparaban para un acto de servicio. El primer policía sacaba del bolsillo unas esposas manteniendo el equilibrio con las piernas, el segundo sostenía con una mano su quepis con penacho que el viento quería arrancarle, y con la otra sacaba la orden de detención de un bolsillo lateral, el tercero servía por lo visto para amortiguar el aterrizaje de los otros dos, ya que se echó bajo sus pies en el momento de tocar tierra, pero se incorporó en el acto y se sacudió el polvo, mientras el primero estaba poniendo ya esposas al rey, y el segundo quitando la espada de la mano real, paralizada por el asombro. Cogieron al encadenado y empezaron a correr a grandes zancadas hacia el desierto arrastrando al rey, que sólo ofrecía una débil resistencia. El séquito petrificado no se movió durante unos segundos, hasta que rugió como un solo hombre y se lanzó a perseguirles.

STANISLAW LEM
Ciberiada

c) Principal

La acción principal puede ser única o múltiple.

Si es múltiple, entre todas las acciones ejecutadas puede haber una central, que es el motor de las restantes y moviliza el relato (puede haber coincidencia entre estas últimas y los núcleos del argumento).

Ejemplo:

En el siguiente relato, la acción principal, de la que depende toda la historia, es golpear:

> Mi hermana y yo pasábamos frente a la puerta de un cortijo que estaba en el camino de regreso a casa. No sé si golpeó esa puerta por travesura o distracción. No sé si tan sólo amenazó con el puño, sin llegar a tocarla siquiera. Cien metros más adelante, junto al camino real que giraba a la izquierda, empezaba el pueblo. No lo conocíamos, pero al cruzar frente a la casa que estaba inmediatamente después de la primera, salieron de ahí unos hombres haciéndonos señas amables o de advertencia; estaban asustados, encogidos de miedo. Señalaban hacia el cortijo y nos hacían recordar el golpe contra la puerta. Los dueños nos denunciarían e inmediatamente comenzaría el sumario.

Franz Kafka
Un golpe frente a la puerta del cortijo

d) Secundarias

Son las acciones que apoyan, complementan o justifican la acción o acciones principales, un sentimiento, una idea, etc. A veces son pequeños detalles, meras sugerencias que permiten destacar una particularidad de la situación o del personaje.

Ejemplo:
En el siguiente ejemplo, las acciones son secundarias y apuntalan la idea principal: «verlo» porque «habían estado juntos desde el comienzo»; es decir, una serie de acciones evocadas confirman un sentimiento, que es el nudo principal del relato:

> Tenían que verlo, insistió Vera. Los cuatro juntos, Vera, Atanas, Stefan y Dimiter. [...]
> Además, habían estado juntos desde el comienzo, desde aquel mes reciente y ya lejano cuando todo parecía una juerga [...]. Habían acudido a las primeras y nerviosas manifestaciones de protesta, sin saber qué iban a decir ni hasta dónde podrían llegar. Habían escuchado, marchado y vociferado juntos, sintiendo que aquello se transformaba en algo serio y apasionante. Y aterrador también: juntos estaban cuando a aquel amigo de Pavel casi lo aplasta un carro blindado en el bulevar de la Liberación; cuando los soldados que custodiaban el palacio presidencial perdieron los nervios y empezaron a disparar sus fusiles contra las mujeres. En varias ocasiones habían tenido que escapar de las balas corriendo, muertos de miedo, escondiéndose en los soportales, cogidos del brazo para tratar de proteger a Vera.

JULIAN BARNES
El puercoespín

Cómo se expresan

Las acciones se expresan mediante los tiempos verbales.

• En *presente*. Las acciones expresadas en tiempo presente constituyen relatos más visuales, escénicos, de tipo cinematográfico; determinan los sucesos «en presencia» del lector.

Ejemplo:

> Gloria Caselli se mira en el espejo y hoy su cara le parece aceptable. Pero no le alcanza con verse de frente. A veces el perfil reserva la peor sorpresa. Para eso están los espejos laterales. Gloria los acomoda hasta encontrar el ángulo ideal. [...]
> La cara en el espejo le sonríe. [...]
> Gloria se agacha hasta el revistero, toma *La Gaceta* y la abre en la quinta página. [...]
> Cuando Gloria abre la puerta, él está apoyado en una sola pierna y tiene el sombrero en la nuca.

MARIO BENEDETTI
Gracias por el fuego

• En *pasado*. Las acciones expresadas en tiempo pasado son las típicas de la narración: se cuenta algo que ya ocurrió. En general, elegimos el tiempo verbal imperfecto o el indefinido para expresar las diferentes clases de acciones.

Aunque no hay ninguna regla que lo establezca, es más frecuente que la acción secundaria esté desarrollada en el pasado imperfecto, y el pretérito indefinido corresponda a la acción principal. El imperfecto detiene la acción del cuento y la desplaza del primer plano al segundo. Indica, por lo tanto, que la acción principal ha finalizado y puede emplearse como conclusión o ruptura.

Ejemplo:

Al salir le rodeó una tropa de chicuelos: uno le tiraba de la chaqueta, otro le derribó el sombrero, alguno le escupió y le preguntaban: «¿Y el tonto?»

¿Cuál es la función de cada tiempo pasado? El que tira la chaqueta, en el fragmento anterior de *El semejante*, de Miguel de Unamuno, cuya acción se refiere en pretérito imperfecto, pasa a un segundo plano, y el que derriba el sombrero y escupe, acción referida en pretérito indefinido, permanece en un primer plano.

Atención...

• Acción es lo que ocurre en la narración y le pasa a un personaje animado o inanimado, que se convierte en agente ejecutor frente a un paciente.

• Las acciones se organizan de diversos modos en un relato, siguiendo un orden lógico y cronológico, o bien un orden libre.

• Las acciones que se enlazan para constituir un relato pueden ser únicas o múltiples, y principales o secundarias.

• Expresar la acción en presente nos permite escenificar; en pasado, trabajar en distintos planos y diferenciar con mayor claridad las acciones principales de las secundarias.

• Cumplen una función informativa las acciones realizadas por un agente; concéntrica, las que sostienen el conflicto, y articulatoria, las que organizan el conjunto del relato.

• Las acciones permiten crear la ilusión de dinamismo o de estatismo en un relato.

El hilo conductor

Puesto que todo relato configura un tejido, establecer el hilo conductor del mismo es un método apropiado para que el lector no se pierda en la maraña.

Un motivo

El motivo temático puede ser el punto en el que se centra buena parte del relato, del que arranca o al que llega. Los hay repetidos en el territorio literario, pero tratados de modo diferente, como la «casa», un motivo tratado a través de todos los tiempos, géneros y corrientes literarias. Mario Vargas Llosa lo expande en *La casa verde* y se refiere a ella diciendo:

Había algo maligno y enigmático, un relente diabólico alrededor de esta vivienda a la que habíamos bautizado «la casa verde». Nos habíamos prohibido acercarnos a ella. Según las personas mayores se turbaban cuando les preguntábamos sobre «la casa verde». ¿Qué ocurría en su interior? Nada, cosas malas, cosas perversas, no hagan preguntas tontas, cállense, vayan a jugar fútbol. [...]

Mis amigos y yo no nos atrevíamos a acercarnos

demasiado a «la casa verde» porque, al mismo tiempo que nos atraía, nos asustaba. Pero todo el tiempo íbamos a espiarla. Teníamos un formidable puesto de observación en el Viejo Puente. Lo verdaderamente divertido era observar «la casa verde» de noche. Porque, durante el día, esta pequeña construcción era quieta y pacífica, inofensiva, parecía un lagarto durmiendo en la arena, un árbol asoleándose. Pero, al anochecer, «la casa verde» se convertía en un ser viviente y lúcido, alegre y bullicioso.

El inventario correspondiente a otros escritores que también eligieron la casa como motivo temático puede resultar interminable. Citamos las siguientes variantes: como objeto del deseo, como testigo de una estirpe, como símbolo de liberación, como prolongación del cuerpo, como hecho misterioso, como cómplice.

• *Como objeto del deseo.* La presencia de una casa que registramos constantemente puede constituir el elemento deseado al que apuntamos en nuestra imaginación.

Ejemplo:
La decisión coincidió con el último sorbo de café con leche: visitarían la casa abandonada. En realidad ya habían planeado algo antes, en el río, a la hora de la siesta, mientras la frescura del agua marrón les atenuaba la picazón de los párpados. Bañarse bajo el sol de verano era mejor que dormir, mejor todavía que leer novelas policiales de papá debajo de la casuarina. Los tres pensaron entonces lo mismo: cuando empiece a bajar el sol, nos metemos en el bote sin decir nada y cruzamos hasta la casa de las cañas. «¿Y des-

pués qué hacemos?», preguntó Miguel, que siempre esperaba la palabra de Juan Carlos. Juan Carlos no dudó: «Entramos.» Tomaron la leche imaginando cómo harían para entrar. Y, antes que eso, cómo atravesarían la maleza que crecía alrededor de la casa, los pastos filosos como sables, la zarzamora, las cañas.

La remada no fue fácil, más por la corriente en contra que por la distancia. Podrían haber amarrado el bote después de cruzar el río, y seguir caminando; pero por un acuerdo tácito llegaron remando hasta la misma casa. Apenas consiguieron anudar la soga al primer tronco se cubrieron la piel con repelente de mosquitos. Allí el panorama era decididamente selvático. Juan Carlos miró la parte que se veía de la casa y dijo:

—Está embrujada.

LUISA AXPE
Las cañas

• *Como testigo de una estirpe.* Una casa nueva, que crece y decrece marcando el progreso y la decadencia de varias generaciones de una misma familia, además de elemento clave, es un símbolo. Así la encara, entre otros, Gabriel García Márquez.

Ejemplo:

La casa nueva, blanca como una paloma, fue estrenada con un baile. Úrsula había concebido aquella idea desde la tarde en que vio a Rebeca y Amaranta convertidas en adolescentes, y casi puede decirse que el principal motivo de la construcción fue el deseo de procurar a las muchachas un lugar digno donde recibir las visitas. Para que nada restara esplendor a ese propósito, trabajó como un galeote mientras se ejecutaban las reformas, de modo que antes de que estuvieran terminadas había encargado costosos menesteres para la decoración y el servicio, y el invento maravilloso que había de suscitar el asombro del pueblo y el júbilo de la juventud: la pianola.

GABRIEL GARCÍA MÁRQUEZ
Cien años de soledad

• *Como símbolo de liberación.* Otra forma de convertir una casa en elemento clave es la referida a la libertad que siente una persona al moverse en ella sin otros que le interfieran o coarten sus movimientos.

Ejemplo:

De pronto, sin más, empezó a cambiar los muebles de sitio; el niño la ayudaba. Luego los dos estaban de pie en distintos ángulos y contemplaban los nuevos espacios. Fuera caía una fuerte lluvia de invierno que, al igual que granizo, rebotaba sobre la tierra dura. El niño pasaba de un lado para otro una barredora. La mujer, con la cabeza descubierta, en la terraza, limpiaba el gran ventanal con periódicos viejos. Repartía espuma quitamanchas sobre la alfombra. Tiraba papeles y libros en un saco de basura junto al cual estaban apoyados algunos más, llenos, atados. Limpiaba con un paño el buzón de delante de la puerta de la casa; en el cuarto de estar, debajo de la lámpara, subida a una escalera de mano, desenroscó una bombilla y enroscó otra más potente.

PETER HANDKE
La mujer zurda

• *Como prolongación del cuerpo.* La casa como prolongación del cuerpo corresponde a la situación en la que el personaje percibe el golpe a la puerta o el pulsar del timbre como si lo presionaran a él; recibe la mirada expectante del que espera que le abran como si se la dirigiera a él.

Ejemplo:

Retrocedo cautelosamente, andando por el apartamento como dentro del agua. Me deslizaré de vuelta a la cama, y creo que el tipo acabará desistiendo, convencido de que no hay nadie en casa. Pero en cuanto paso la divisoria imaginaria de mi salón-dormitorio, el timbre suena otra vez. No puedo dormir con la imagen de aquel hombre fijo en mi puerta. Vuelvo a la mirilla. Tengo que sorprender alguna imprudencia suya, una impaciencia que lo denuncie, que me permita asociar el gesto a la persona. Pero mientras estoy allí no toca el timbre, no mira el reloj, no enciende un cigarro, no quita el ojo de la mirilla.

CHICO BUARQUE
Estorbo

• *Como hecho misterioso.* A menudo, una casa cerrada o una en la que se percibe cierta atmósfera, algunos movimientos, resulta inquietante o, al menos, misteriosa.

Ejemplo:

... Quizá lo más lógico, para la comprensión plena de lo que escribo, fuera que yo le hablara ante todo, Reverendo Padre, acerca de la casa que de niños llamábamos «la casa cerrada» y que se levanta todavía junto a la que fue del doctor Miguel Salcedo, entre el convento de Santo Domingo y el hospital de los Betlemitas. Frente a ella viví desde mi infancia, en esa misma calle, entonces denominada de Santo Domingo y que luego mudó el nombre para ostentar uno glorioso: Defensa.

¡Cuánto nos intrigó a mis hermanos y a mí la casa cerrada! Y no sólo a nosotros. Recuerdo haber oído una conversación siendo muy muchacho, que mi madre mantuvo en el estrado con algunas señoras, y en la cual aludieron misteriosamente a ella. También las inquietaba, también las asustaba y atraía, con sus postigos siempre clausurados detrás de las rejas hostiles, con su puerta que apenas se entreabría de madrugada para dejar salir a sus moradores...

MANUEL MUJICA LAINEZ
«La casa cerrada»

• *Como cómplice*. La casa puede ser tan importante para alguien que empieza a verla como un ser que lo contiene, lo protege, conoce su historia.

Ejemplo:

Nos gustaba la casa porque aparte de espaciosa y antigua (hoy que las casas antiguas sucumben a la más ventajosa liquidación de sus materiales) guardaba los recuerdos de nuestros bisabuelos, el abuelo paterno, nuestros padres y toda la infancia.

Nos habituamos Irene y yo a persistir solos en ella, lo que era una locura pues en casa podían vivir ocho personas sin estorbarse. Hacíamos la limpieza por la mañana, levantándonos a las siete, y a eso de las once yo le dejaba a Irene las últimas habitaciones por repasar y me iba a la cocina. Almorzábamos a mediodía, siempre puntuales; ya no quedaba nada por hacer fuera de unos pocos platos sucios. Nos resultaba grato almorzar pensando en la casa profunda y silenciosa y cómo nos bastábamos para mantenerla limpia. A veces llegamos a creer que era ella la que no nos dejó casarnos. Irene rechazó dos pretendientes sin mayor motivo, a mí se me murió María Esther antes que llegáramos a comprometernos. Entramos en los cuarenta años con la inexpresada idea de que el nuestro, simple y silencioso matrimonio de hermanos, era necesaria clausura de la genealogía asentada por los bisabuelos en nuestra casa.

JULIO CORTÁZAR
Casa tomada

Un detalle

También determinados detalles pueden convertirse en el hilo conductor, sin ser motivos temáticos.

Por ejemplo, Chéjov escribe sobre «pequeños hechos de gente pequeña», sobre lo cotidiano, la vida ordinaria de cualquier persona; pero lo original es lo que extrae de esas vidas: detalles imprevistos, sutilezas que hacen distinto a ese personaje normal y común. Detecta los pequeños detalles que definen a un personaje particular y nos da idea de cómo es y en qué época vive, y esos detalles constituyen el hilo conductor. Así ocurre en *La gaviota*, *El jardín de los cerezos* y *Las tres hermanas*.

Una o más acciones

Una acción específica o una serie de acciones distintas, pero ligadas entre sí, puede constituir el hilo conductor o el mecanismo aglutinante que dé cuenta de la trama y articule el relato. Generalmente, la función articulatoria de las acciones corresponde a relatos breves o minicuentos basados exclusivamente en una serie de acciones iguales en importancia.

Ejemplo:
En *El anillo de Gyges*, de Platón, las acciones son las siguientes:

- Baja por la abertura
- Encuentra el anillo
- Acude a la asamblea y se sienta entre los pastores
- Da vuelta el anillo
- Se hace invisible
- Da vuelta el anillo
- Se hace visible
- Lo comprueba
- Corrompe a la reina
- Se deshace del rey
- Se apodera del trono

Gyges era pastor del rey de Lidia. Después de una tormenta seguida de violentas sacudidas, la tierra se hendió en el preciso lugar en que Gyges apacentaba sus rebaños. Atónito de pasmo ante semejante cosa, Gyges bajó por aquella abertura, y vio, entre otras muchas cosas sorprendentes que se cuentan, un caballo de bronce, en cuyos flancos se abrían unas puertecillas, y que como Gyges introdujese por ellas la cabeza, para ver qué había dentro del caballo, vio un cadáver de estatura superior a la humana.

El cadáver estaba desnudo, sin más que un anillo de oro en uno de sus dedos. Gyges se apoderó del anillo, y se retiró de allí.

Habiéndose reunido luego los pastores como tenían por costumbre a fines de cada mes, para dar cuenta al rey del estado de sus rebaños, acudió Gyges a esa asamblea, llevando su anillo en el dedo, y se sentó entre los pastores.

Ocurrió que, como casualmente diese vuelta a la piedra de la sortija hacia la palma de la mano, inmediatamente se hizo invisible para sus compañeros, de suerte que éstos hablaban de él como si estuviera ausente. Asombrado ante aquel prodigio, volvió a poner hacia la parte de afuera a la piedra de la sortija, y tornó a ser visible.

Habiendo observado esta virtud del anillo, quiso asegurarse de ella por medio de diversas experiencias, y comprobó reiteradamente que se tornaba invisible cada vez que volvía la piedra hacia dentro, y visible cuando la volvía hacia fuera. Seguro ya del caso, se hizo incluir entre los pastores que habían de ir a dar cuenta al rey. Llega al palacio, corrompe a la reina y, con ayuda de ella, se deshace del rey y se apodera del trono.

La escena clave

Tradicionalmente se hacía una división entre escena y resumen; combinados con la descripción, para establecer una especie de equilibrio rítmico en el relato y evitar el cansancio del lector, es un modelo estereotipado, forzado, que hay que desterrar. No se puede recurrir a la receta (una parte de tal y dos de cual) para atrapar al lector. Tampoco el objetivo del relato es éste.

Consideramos que una escena es un momento del relato en el que el narrador muestra la actuación del o los personajes, siempre ligada a los restantes componentes del relato y expresada mediante diferentes formas y registros narrativos. Un relato está compuesto por una sucesión de escenas. Con frecuencia, el escritor fija un punto dentro de la trayectoria, un momento esencialmente significativo o espectacular que genera otros sentidos. Una historia engloba varias fases. Se puede comparar con un viaje que incluye algunas paradas necesarias para cargar combustible: en el transcurrir de una historia también es necesario —o al menos conveniente— plantearse algunas pausas y planificar las escenas clave dentro de la totalidad. Una serie de escenas componen la trama sostenida por una o más escenas clave.

El momento crucial

Las escenas intermedias cumplen la función de preparar la revelación del momento crucial contenido en la escena o escenas clave, diferenciadas porque suelen contener la acción o acciones más importantes, los diálogos más contundentes, cualquier tipo de artificio llamativo.

Ejemplo:

El siguiente relato, *Maldita primavera*, de Juan Carlos Onetti, presenta dos escenas clave.

Aquella mañana temprano, Aránzuru abrió la gran ventana sobre los olores del jardín y un viento leve y caprichoso le tocó la cara y le revolvió el pelo.

Mientras se afeitaba, medio enfermo de sueño por haber dormido poco, se interrumpió para mirar fijamente el espejo. La cara sin arrugas pero con la carne floja bajo el mentón; las sienes con el pelo gris y mal cortado; los ojos sin brillo donde la curiosidad estaba muriendo; los labios aún rojos terminando con brusquedad en caídas amargas. No encontraba huellas de alcohol de la noche anterior.

Se puso bajo la ducha tibia y luego helada, restregando el jabón con una furia maniática.

Helga había prometido, en el teléfono, llegar por la mañana, llegar antes del mediodía y preparar el almuerzo. La había visto por primera vez cuando ella tenía dieciséis años y él estaba siendo empujado a la cuarentena. Fueron amantes esporádicos durante dos años. Después la sacaron del país y ahora había vuelto cinco años después del adiós.

No sabía si Helga, que ahora era una mujer, lo había llamado para decirle que estaba terminado el paréntesis. No quería saber por qué había sonado aquella voz reconocible, pero distinta a la del recuerdo; alegre, pesada, segura.

Mientras caía un chaparrón, después de los aullidos y semidesmayos en la cama, ella se empeñó en hacer el almuerzo y se metió con una vieja bata de Aránzuru en la pequeña cocina. Él cocinaba siempre a mediodía y nada comía por la noche.

Fumando en la cama oyó el ruido de los huevos al fritarse y aspiró junto al humo del cigarrillo un tenue olor de cosa que se quema. Entonces, de pronto, y sin motivo definible, comenzó a deconfiar. Y esta desconfianza se extendía al pasado. Mientras sentía las débiles quemaduras de la ceniza en los vellos del pecho. La sospecha retrocedía hasta los prólogos con Helga, hasta la felicidad y la fe de las primeras noches clandestinas cuando Helga avisaba a su familia que pasaría la noche con su mejor amiga. Cubría también un después, cuando ella no tenía que pedir permiso a nadie y él, exclusivamente acaso, era el destino de las mentiras. Así hasta que la sospecha le llegó a las piernas —luego de resbalar sin respuesta sobre el trío masculino, mustio ahora, arrugado en su petición de descanso— y lo obligó a saltar desnudo de la cama y hundir la cabeza en la abertura de la ventana, ver y respirar la primavera y pensar en un verso anónimo, en una imprecación: «Por qué habrás vuelto, maldita primavera.»

Durante la comida sin gracia, Aránzuru miraba sol y llovizna en la ventana, oyéndola masticar. Luego supo que no estaba equivocado. Un rápido amor en el borde de la cama, un montón reiterado y consciente de caricias en la frente y el mentón. Después la mirada, los ojos sin amparo antes de la súplica húmeda:

—Quiero ir a Ibiza, tengo que ir. Y no tengo dinero. Ay, amor, si pudieras ayudarme.

—¿Ibiza? —preguntó él sabiendo que trampeaba—. Ibiza. Vamos juntos.

—Es que yo... La verdad, tengo un compromiso.

Aránzuru dejó la cama, tanto semen perdido, y fue a sentarse al escritorio.

Desnudos los dos, casi ridículos. Ella empezó a vestirse.

—Siempre fuiste una puta y estuve loco por ti, porque nunca tropecé con una puta tan puta. Dime cuánto quieres o quiere tu nuevo macho. Te hago el cheque.

Ahora el cielo estaba limpio, el sol intenso y afuera las plantas erguían nuevamente sus tallos floridos.

Si observamos la construcción del relato, vemos que a cada párrafo corresponde una información distinta del narrador, de la siguiente manera:

Primer párrafo
Escena de apertura: presentación del personaje a partir de detalles indicativos de lo que sucederá y que prepara sutilmente al lector: el viento caprichoso lo toca.

Segundo párrafo
Escena que amplía la información de la anterior: el personaje se ve a sí mismo en una imagen decadente.

Tercer párrafo
Escena de acción más potente: la reacción del personaje marca el paso del abandono a la actividad.

Cuarto párrafo
Escena de presentación del segundo personaje: se especifica de modo directo la relación de ambos y los datos de la mujer.

Quinto párrafo

Primera escena clave: plantea en forma condensada la preocupación de él y su sospecha.

Cambia el sentido del relato.

Está destacada y reforzada por la repetición de la negación.

Sexto párrafo

Escena que engloba los sucesos intermedios y explicita el encuentro.

Séptimo párrafo

Escena anecdóticamente ligada a la anterior. Se incrementa la sospecha de él, que cubre el pasado, el presente y el futuro. Es el párrafo más largo porque expande el núcleo de la escena clave.

Octavo párrafo

Escena que confirma la sospecha.

Noveno párrafo (incluimos en el párrafo las tres líneas de diálogo)

La credibilidad se refuerza gracias a las voces de los personajes.

Segunda escena clave: el final del diálogo es el punto crucial, la confirmación de la sospecha.

Décimo párrafo

Escena que prepara el desenlace: indica el desencuentro.

Undécimo párrafo
Escena que define la reacción del personaje.

Duodécimo párrafo
Escena correspondiente al desenlace. Recurre al motivo temático del tiempo, que funciona como hilo conductor, ya sintetizado en el título.

4
Clima y credibilidad

Saber cuáles son los componentes del relato y dominar los resortes del conjunto para que marche no es suficiente. Además de funcionar bien, y como parte misma de su buen funcionamiento, un relato genera una atmósfera o es consecuencia de ella. La atmósfera se halla estrechamente vinculada al ritmo del relato. Una vez llegados a este punto, habremos producido un relato creíble y, en consecuencia, un lector satisfecho.

Consistencia de la atmósfera

Para muchos escritores, conseguir una atmósfera es el logro crucial del relato. Gracias a ella, el lector queda atrapado por el universo narrativo y sale transformado. Puesto que podemos recurrir a multitud de narradores distintos, la creación de la atmósfera nos permite vivenciar, como autores, diversos mundos narrativos: por cada narrador elegido, un mundo con su clima particular.

¿Depende el relato de su atmósfera, o es al revés? Podemos probarlo y comprobarlo con climas antagónicos, como uno más o menos onírico, otro que linde entre lo incierto y lo secreto, un tercero que agobie al lector o acompañe al personaje en ciertos momentos morbosos, por ejemplo.

Hablar de atmósfera narrativa es referirse metafóricamente al clima de un relato: frío, templado, cálido.

El ritmo es determinante

La atmósfera proviene del ritmo que marca el conjunto. Un buen relato consigue que el lector «respire» al compás del ritmo de ese relato.

Gracias al tono de la voz narrativa, a la clase de palabras utilizadas, el relato adquiere un mayor o menor movimiento, es decir, indica un tipo de acción. El lector se identifica con la acción porque la acción se vincula directamente con los sentimientos. Emoción y acción están íntimamente ligadas: la palabra «emoción» proviene etimológicamente del verbo latino *movere* (moverse) más el prefijo «e-», que indica sentido, dirección. A cada emoción le corresponde una acción bastante directa. No se puede eludir esta correspondencia a la hora de dar vida a un personaje: a la ira, la furia, la cólera, les corresponden la violencia y la fuga; la fuga corresponde también al miedo (un personaje se exalta y actúa violentamente mientras el otro teme y huye); al terror, la parálisis; a la tristeza, el encierro; a la alegría, la expansión y la carrera. Respetar estas correspondencias al desarrollar un argumento no es respetar un accionar lógico; significa también fingir o improvisar, de acuerdo con el episodio planteado.

Según el relato sea más o menos estático o dinámico, así se predispone el ánimo del lector, que llora, se ríe, se enoja, se pone de parte de un personaje, se siente impotente frente a la actuación de otro.

Pasividad o movimiento

Es notable esta condición al comienzo del relato. A medida que el relato avanza, el ritmo puede ser constante o variable.

• *Inicio estático.* Se puede conseguir un inicio estático mediante un tono narrativo dubitativo, como en el siguiente:

> ¿Intentaría Tchen alzar el mosquitero? ¿Golpearía a través de éste? La angustia le retorcía el estómago; conocía su propia entereza, pero no era capaz en ese momento más que de una torpe consciencia de ella, tan fascinado estaba por ese montón de muselina blanca que caía del techo sobre un cuerpo apenas más visible que una sombra, y de donde sólo salía ese pie inclinado a medias por el sueño, viviente, sin embargo, carne de un hombre.

> ANDRÉ MALRAUX
> *La condición humana*

Otro mecanismo para conseguir el ritmo estático es la descripción, como en el siguiente caso:

La habitación de Pedro era alta y ventilada, pero triste, monótona. Tejuelas de pizarra empolvada, cubiertas de uralita, galerías con ropa tendida, mujeres despeinadas, con cara de sueño y de cansancio, niños meados y llorosos, gatos lascivos; pilas de leña, gallineros apestantes, mocitas descaradas, con la bata entreabierta, descalzas, dando la papilla a sus hermanitos o lavando la ropa, viejos leyendo diarios atrasados, entre dos sueños, con un lo mismo da total en los ojos, en los gestos, sabiéndose vencidos, terminados antes de acabar; perros reumáticos con las pupilas enrojecidas y el ladrar áspero, pájaros insólitos en jaulas como diminutos jardines, picoteando caracolas mustias, ennegrecidas, sin atreverse a cantar, con la garganta llena de humo; cristales rotos con remiendos de papel de embalaje, orinales desportillados y florecidos de geranios; mecedoras embarrancadas después de los naufragios, cajones vacíos de una champaña que no se bebió nunca.

Ramón E. de Goicoechea
Dinero para morir

• *Inicio dinámico.* Un ritmo dinámico puede provenir de una situación violenta. Para conseguirlo es necesario el uso del pretérito indefinido, que marca la acción puntual, como en el siguiente caso:

... voces daba el bárbaro Corsicurbo a la estrecha boca de una profunda mazmorra, antes sepultura que prisión de muchos cuerpos vivos que en ella estaban sepultados...

Descolgó en esto una gruesa cuerda de cáñamo, y de allí a poco espacio, él y otros cuatro bárbaros tiraron hacia arriba, en la cual cuerda, ligado por debajo de los brazos, sacaron asido fuertemente a un mancebo, al parecer de hasta diez y nueve o veinte años, vestido de lienzo basto, como marinero, pero hermoso sobre todo encarecimiento.

Miguel de Cervantes
Los trabajos de Persiles y Segismunda

Los dos polos

Se puede crear una contradicción argumental a través del ritmo, como presentar en un relato una atmósfera calma bajo la cual se adivina otra, violenta.

Es lo que pasa, por ejemplo, en muchos relatos de Juan Rulfo: debajo de la quietud, de la agobiante laxitud, se adivina la violencia sorda, el fatalismo. Sus cuentos se destacan, casi en su totalidad, por la falta de acción, influidos por una naturaleza aplastante que es el eje verdadero de las historias y la productora de la atmósfera, en buena proporción:

Ya mirará usted ese viento que sopla desde Luvina. Es pardo...

Juan Rulfo
El llano en llamas

Clases de atmósfera

Toda una gama climática podemos desarrollar en un relato, siempre ateniéndonos a las necesidades de la historia narrada, de la intención perseguida. Entre otras, trabajamos con las siguientes:

• *Suave*. Una atmósfera suave y pausada se puede conseguir mediante las interrogaciones, los adverbios terminados en «mente».

Ejemplo:

> El hombre se despertó. Sentía la angustia de no haber soñado. Por primera vez en millares de años no había soñado. ¿Le había abandonado el sueño en la hora en que había regresado a la tierra donde había nacido? ¿Por qué? ¿Qué presagio? ¿Qué oráculo sería? El caballo, más lejos, dormía aún, pero ya inquietamente. De vez en cuando agitaba las patas traseras, como si galopase en sueños, no suyos, que no tenía cerebro, o solamente prestado, sino de la voluntad que los músculos eran. Echando mano de una piedra saliente, ayudándose con ella, el hombre levantó el tronco y, como si estuviese en estado de sonambulismo, el caballo le siguió, sin esfuerzo, con un movimiento fluido en el que parecía no haber peso. Y el centauro salió a la noche.

> José Saramago
> *Casi un objeto*

• *Densa y siniestra*. Recordemos los ambientes de Edgar Allan Poe; por ejemplo, en *La caída de la casa Usher*, la siniestra atmósfera producida mayormente gracias al uso de los adjetivos, anuncia que algo va a ocurrir:

Durante todo un día de otoño, triste, oscuro, silencioso, cuando las nubes se cernían bajas y pesadas en el cielo, crucé solo, a caballo, una región singularmente lúgubre del país; y, al fin, al acercarse las sombras de la noche, me encontré a la vista de la melancólica Casa Usher. No sé cómo fue, pero a la primera mirada que eché al edificio invadió mi espíritu un sentimiento de insoportable tristeza. Digo insoportable porque no lo atemperaba ninguno de esos sentimientos semiagradables por ser poéticos, con los cuales recibe el espíritu aun las más austeras imágenes naturales de lo desolado o lo terrible. Miré el escenario que tenía delante —la casa y el sencillo paisaje del dominio, las paredes desnudas, las ventanas como ojos vacíos, los ralos y siniestros juncos, y los escasos troncos de árboles agostados— con una fuerte depresión de ánimo únicamente comparable como sensación terrena, al despertar del fumador de opio, la amarga caída en la existencia cotidiana, el horrible descorrerse del velo. Era una frialdad, un abatimiento, un malestar del corazón, una irremediable tristeza mental que ningún acicate de la imaginación podía desviar hacia forma alguna de lo sublime.

En el final del cuento, Poe potencia la adjetivación:

De aquel aposento, de aquella mansión, huí aterrado. Afuera seguía la tormenta en toda su ira cuando me encontré cruzando la vieja avenida. De pronto surgió en el sendero una luz extraña y me volví para ver de dónde podía salir fulgor tan insólito, pues la vasta casa y sus sombras quedaban solas a mis espaldas. El resplandor venía de la luna llena, roja como la sangre, que brillaba ahora a través de aquella fisura casi imperceptible dibujada en zigzag desde el tejado del edificio hasta la base. Mientras la contemplaba, la fisura se ensanchó rápidamente, pasó un furioso soplo del torbellino, todo el disco del satélite irrumpió de pronto ante mis ojos y mi espíritu vaciló al ver desmoronarse los poderosos muros, y hubo un largo y tumultuoso clamor como la voz de mil torrentes, y a mis pies el profundo y corrompido estanque se cerró sombrío, silencioso, sobre los restos de la Casa Usher.

Dependiente del tiempo y del espacio

Podemos relacionar la atmósfera con las localizaciones y las fechas. Por ejemplo, una fecha clave, 25 de diciembre, puede provocar melancolía. Un cierto lugar puede provocar una atmósfera: un paisaje nebuloso lleno de árboles puede despertar angustia. Es típica —y a menudo tópica— la atmósfera de paz ante el mar, enigmática ante una casa en ruinas, sórdida en un barrio muy pobre, romántica a la luz de la luna.

Stevenson explica así el origen de *The Merry Men*: «Comencé por un sentimiento suscitado por una de esas islas en la costa occidental de Escocia y gradualmente fui urdiendo una aventura que expresara ese sentimiento.»

Atención...

• La atmósfera envuelve la totalidad de un cuento o un relato y es producto de los sentimientos del narrador frente al universo creativo narrado.

• En general, una atmósfera estática depende de la descripción, y una dinámica de la narración.

• Entre las clases de atmósferas más conocidas destacamos la onírica, la realista, la penosa, la incierta, la agobiante, la lírica, la siniestra y la morbosa.

• La creación de la atmósfera se apoya en los elementos del relato, especialmente la voz narrativa, el espacio y el tiempo.

• El tono y el enfoque del narrador, la localización del relato en un determinado lugar, un dato temporal, permiten crear —por separado o combinados— la atmósfera que envuelve la acción y los personajes.

Conseguir el relato creíble

El relato no «representa» la realidad, es un hecho autónomo, cuyo objetivo primordial para interesar al lector es ser creíble. Dice Roland Barthes: «La función del relato no es la de "representar", sino la de montar un espectáculo que nos sea muy enigmático [...]. El relato no hace ver, no imita. La pasión que puede inflamarnos al leer una novela no es una "visión" (de hecho, nada vemos), es la del sentido, es decir, de un orden superior de la relación, el cual también posee sus emociones, sus esperanzas, sus amenazas, sus triunfos: "lo que sucede" en el relato no es, desde el punto de vista referencial (real), literalmente, nada; "lo que pasa" es sólo lenguaje, la aventura del lenguaje, cuyo advenimiento nunca deja de ser festejado.»

Es decir, que para que un relato sea creíble no es obligatorio que la ficción provenga de datos verdaderos y comprobables, ni que las acciones sean lógicas y/o cronológicas, ni que del personaje se ofrezcan datos biográficos informativos.

Lo importante de la ficción es que sea convincente, ya provenga de un hecho real o sea inventada. «Calificar un relato de historia verídica es un insulto al arte y a la verdad», dice Vladimir Nabokov.

Diferenciamos lo creíble (igual a comprobable en el universo real, según Aristóteles), de lo creíble en el universo textual. Credibilidad, convencimiento y claridad son los tres principios que no hay que descuidar. Tzvetan Todorov afirma que lo verosímil no es aquel texto que sigue las reglas del género, sino el que las disfraza para hacernos creer que crea sus propias reglas. Dice P. Ricoeur: «Lo verosímil no es más que la analogía de lo verdadero, ¿qué es, entonces, la ficción bajo el régimen de esta analogía sino la habilidad de un hacer-creer, merced al cual el artificio es tomado como un testimonio auténtico sobre la realidad y sobre la vida? El arte de la ficción se manifiesta entonces como arte de la ilusión.»

La coherencia

Un universo creíble está constituido por elementos coherentes entre sí. La coherencia no proviene del exterior, de la vinculación directa con aspectos pertenecientes a la realidad. El mundo de la ficción es autónomo, y su credibilidad depende de la conexión necesaria y evidente de todos los elementos que la componen, más o menos verídicos, no de la geografía, la historia o la comprobación.

Es decir, este universo de la ficción está constituido por diferentes niveles vinculados a la realidad, posibles o imposibles, que se funden en el relato, amoblado con datos tomados de distintos referentes. El resultado es un mundo veraz.

El pacto ficcional

Umberto Eco habla de la existencia de un pacto ficcional entre el autor y el lector, según el cual «el lector tiene que saber que lo que se le cuenta es una historia imaginaria, sin por ello pensar que el autor está diciendo una mentira». Para que este pacto no se resquebraje debemos retomar todo aquello que ingresa en el relato, no dejar cabos abandonados, no hablar de un lugar al que se dirige el personaje y que nunca aparece, no porque el personaje no llegue a él o cambie de idea, sino porque quien se olvidó de esa información es el escritor. Eco da el ejemplo de un fragmento de Achille Campanile en el que alguien pide al cochero que vaya a buscarlo y especifica que lleve el coche y también el caballo. Ese caballo —dice— no aparece nunca en el texto, pero el lector lo imagina todo el tiempo. Es decir, para que el lector se lo crea, se incorpora una información que se retoma más adelante, o se crea la atmósfera apropiada para que ese elemento esté presente en el relato sin necesidad de mencionarlo.

El personaje es una ilusión

El centro de un relato suele ser el personaje; sobre él carga el peso de verosimilitud y credibilidad. Ya hemos comentado que en el relato realista toma una consistencia psicológica y pasa a considerarse un «individuo». Han cambiado los modos de presentarlo en el discurso y ha perdido vigencia la figura del héroe; lo que perdura es la necesidad de conseguir para él una lógica interna.

Hay distintos modos de construir un personaje creíble sin necesidad de apelar a su biografía y gracias a su vinculación con otros elementos del relato.

Muchos han sido los intentos de «desverosimilizar» al personaje en el relato moderno para no basar la credibilidad en la copia de lo real, sino en su propio verosímil.

El lenguaje expresivo

El lenguaje «expresa» si es el adecuado a la historia, no es gastado ni tópico. Para comunicar nuestra idea, para expresar lo que deseamos, contamos con la ayuda de la imagen, incluida la comparación. Si escribo que el personaje tiene frío, daré menos cuenta del miedo que si escribo que el personaje tiene frío como si estuviera esquiando desnudo. La imagen potencia la expresión, pero la semejanza que establece la imagen con el hecho narrado debe ser constatable, no exagerada ni innecesaria. Dice John Gardner: «El escritor con menos posibilidades —ese a quien uno contesta en el acto: "No lo creo"— es aquel cuya sensibilidad para el lenguaje parece incorregiblemente pervertida. Su ejemplo más evidente es el del escritor que no consigue avanzar sin emplear frases como "con un gracioso parpadeo" o "los adorables gemelos", o "su risa franca, estentórea", expresiones trilladas producto de la emoción fingida de quien no siente nada en su vida cotidiana o le falta algo de lo que estar lo suficientemente convencido como para encontrar su propia manera de decirlo, y ha de recurrir a cosas como "reprimió un sollozo", "amable sonrisa oblicua", "enarcando una ceja con ese aire suyo tan peculiar", "sus anchos hombros", "ciñéndola con su fuerte brazo", "esbozando una sonrisa", "con un ronco susurro", "con el rostro enmarcado por sus bucles cobrizos".

»Lo malo de este tipo de lenguaje no es sólo su convencionalidad (que esté manido, gastado por el uso), sino también que es sintomático de una actitud psicológica decididamente nociva. Todos adoptamos máscaras lingüísticas (hábitos verbales) con las que enfrentamos al mundo y que se adecuan a la ocasión. Y una de las máscaras más eficaces que se conocen, al menos para enfrentarse a situaciones problemáticas, es la máscara del optimismo ingenuo, ejemplificada por frases como las que he mencionado. La razón de que dicha máscara se adopte con mayor frecuencia al escribir que al hablar coloquialmente —es decir, la razón de que el arte de la escritura se convierta en una forma de embellecer y sosegar la realidad— no la conozco, a menos que esté relacionada con la manera en que se nos enseña a escribir de pequeños, como si la escritura fuera una forma de buenos modales, y quizá también con la importancia que nuestros primeros maestros dan a las mojigatas (o coercitivas) emociones típicas de los libros de lectura escolares.»

Pautas de credibilidad

Las señales de que el relato resulta creíble al lector son las siguientes:

• Se olvida de que está leyendo un relato ficticio y lo «vive».

• No desconfía de los datos que articulan el relato.

• No le resulta confusa la trama.

• Aunque adivina los hechos venideros, continúa apasionado la lectura.

• No se salta párrafos siguiendo sólo el hilo de la acción principal.

• No sospecha que ya ha leído antes algo similar.

Condiciones para conseguir un relato creíble

- Saber por qué los personajes actúan como lo hacen.
- Poder justificar la funcionalidad de los elementos narrativos.
- No agregar referentes innecesarios.
- No abundar en información para imitar la realidad.
- Profundizar un aspecto del relato en lugar de acumular muchos superficiales.
- Evitar la confusión: seguir un hilo conductor, no agregar frases porque nos parecen bonitas cuando no proceden de la situación planteada.
- No emplear clichés. Hay una serie de tópicos y situaciones gastadas en la historia literaria que hay que evitar; de lo contrario, resulta artificial.
- No forzar situaciones.
- No restar información. A veces restamos información para crear suspense, pero el suspense se consigue a través de otros mecanismos.
- Mantener la coherencia textual sin depender de las relaciones externas. Es decir, buscar un sentido al universo inventado.
- Creernos el relato nosotros mismos, como primeros lectores de nuestro texto: si no nos lo creemos, nadie se lo creerá.

5

El relato policíaco

El relato policíaco se asemeja a un mecanismo de relojería. Se puede formular una serie de reglas pertinentes. Respetar sus condiciones o innovar a partir de ellas son posibilidades que nos ofrece y de las que existen buenos ejemplos en la literatura; es decir, la aplicación simple y recetaria de las reglas que caracterizan al relato detectivesco clásico, o la combinatoria especial de los elementos típicos, de sus condiciones básicas, para conseguir un producto diferente. Entre los escritores de la primera línea figuran Conan Doyle, Gastón Leroux, Edgar Wallace y Agatha Christie. Entre los de la segunda, iniciada por Chesterton, y en la que Jorge Luis Borges es quien llegó más lejos, contamos con numerosas variantes en la historia de la literatura. *El doble asesinato de la calle Morgue*, de Edgar Allan Poe, aparecido en 1841, inicia el mito del detective infalible.

En el relato policíaco lo fundamental es la pesquisa, mediante métodos variables, de un individuo o grupo que ha violado la ley: puede(n) ser homicida(s) o no, pero el caso es que su acción contra la justicia exige una respuesta contundente, que no es otra que su sanción, moral o penal, a modo de restitución de un determinado orden cósmico.

Según Régis Messac, el policíaco «... es un relato consagrado al descubrimiento metódico y gradual —por medio de instrumentos racionales y de circunstancias exactas— de un acontecimiento misterioso». Para Julian Symons, lo que lo define es la presentación de un problema y su posterior solución a través de un detective aficionado o profesional, cuyo ingenio está en su capacidad deductiva y del que se resaltan la inteligencia, la intuición y el coraje. Howard Haycraft atribuye a toda buena historia detectivesca la condición de exponer el asesinato como una excusa para poner en evidencia ante el lector los más complicados procedimientos de investigación.

A partir de una lectura de *La piedra lunar*, de Wilkie Collins, T. S. Eliot prescribió cinco reglas esenciales para la escritura de un buen texto policial: a) verosimilitud; b) normalidad; c) eliminación de soluciones rebuscadas o excesivamente técnicas; d) procedimientos sencillos, y e) concepción de un detective sobresaliente. A estas reglas de juego se agrega una clasificación que bifurca el relato policial de acuerdo con el cumplimiento de sus esquemas: en primer lugar, encontramos la *novela enigma* (en su forma breve o larga, con Conan Doyle a la cabeza, seguido de Chesterton, Agatha Christie, Dickson Carr, Anthony Berkeley), una suerte de milagrosa partida de ajedrez, en palabras de Borges; en segundo lugar está la *novela negra*, dura, caótica, crítica, escéptica (con Dashiell Hammett al frente y autores de la talla de Chandler, Thomson,

Chase, Mickey Spillane). El detective y el descubrimiento del criminal desaparecen en la *novela de crímenes*, donde se abunda en la psicología de los personajes.

Actualmente, el relato policíaco se caracteriza por constituir una simbiosis entre la narración de tipo detectivesco y la negra. Pero además se suele mezclar con el relato esotérico, el de terror, el fantástico, el de ciencia-ficción, el de espías, incluidos el erotismo y el sadismo.

No son pocos los escritores que han tomado la literatura policíaca y la han trastocado para articular algunos de sus elementos básicos de un modo novedoso. Un buen ejemplo es Patricia Highsmith y la serie de Tom Ripley, la otra cara del detective, que no es el de la literatura detectivesca ni el de la serie negra, sino un malvado, que sigue siendo malo, organiza la trama y seduce al lector. En *El talento de Ripley*, por ejemplo, un hombre propone a otro la elección de Ripley, asesino potencial, para que haga volver a casa a su hijo. ¿Es el antidetective? ¿Un símbolo social? Highsmith lo describe como «un joven que se sienta en el borde de la silla, si es que alguna vez llega a sentarse». En la mayoría de los casos queda libre de toda sospecha y recibe las simpatías del lector. Patricia Highsmith, con *Extraños en un tren* (1949), inauguró el estudio del asesino como posibilidad dramática.

El enigma

Un relato policíaco descifra un enigma. Es un juego de adivinación. Por lo tanto, es conveniente dominar su modo de articulación más que preocuparse por el tema. Se basa en el suspense, que, como técnica narrativa vinculada al misterio, apela a dos acicates para el lector: la sospecha y el desciframiento. El enigma es una incógnita, un secreto que, como tal, encierra la clave misma del discurso narrativo. Una narración articulada por un enigma debe provocar inquietud en el lector y, en consecuencia, el deseo de desciframiento, que es uno de los motores de la lectura. Se sustenta en el ocultamiento y el interrogante.

El objetivo principal es mantener en todo momento la curiosidad y el interés del lector por descifrar.

Dice Anderson Imbert: «Un cuento de detectives es fuertemente temporal, puesto que nos da la doble serie de la perpetración de un asesinato y de la investigación que lleva a identificar al asesino, y allí la narración y la descripción son una y la misma cosa. Los detalles descriptivos son inventariados como parte de la acción: la minuciosa descripción de los objetos, el arreglo de una habitación, etcétera, muestran las pistas necesarias para la solución del problema criminológico.»

Las técnicas de la sospecha y el misterio

Las técnicas principales de la narración detectivesca permiten la articulación de una historia de suspense y corresponden a los siguientes aspectos:

1. Los indicios y el núcleo

La historia se desarrolla desplegando indicios, generalmente en torno al mismo núcleo temático: el crimen.

Ejemplo:

—¡Bien! —gritó Queen—. Eso quiere decir que todavía está en este maldito laberinto [...]. Arreste a cualquiera que salga. ¡Un hombre ha sido asesinado aquí dentro!

La nota estaba garabateada por una mano femenina, y decía así: «Querido Anse: Tengo que verte; es muy importante. Encuéntrame en el lugar de antes, Joyland, el domingo por la tarde a las tres; en la Mansión de las Tinieblas.»

ELLERY QUEEN
Aventura en la Mansión de las Tinieblas

2. La información

El detective y el lector comparten la información. A medida que la reciben, se establece una especie de competencia entre ambos por resolver el enigma. El lector pone en tensión todos sus recursos intelectuales en el acto de leer. Es un investigador. Resuelve una adivinanza empleando la razón y la síntesis. Para ello, expone sus argumentaciones a medida que las va hilando.

Ejemplo:

Juró que había dejado la escopeta afuera, apoyada contra la pared exterior de la casa, y que cuando se separó de Vivian, uno o dos minutos después de las seis y cuarto, ella estaba viva y perfectamente bien. De allí se encaminó directamente a su casa. Sin embargo, de las declaraciones recogidas se desprende que no llegó a su residencia hasta las siete menos cuarto. Y esto es raro, por cuanto, como ya he mencionado, vive escasamente a una milla de distancia. No puede tomarle media hora cubrir ese trecho. Dice que se olvidó por completo de la escopeta. No parece muy probable que haya sido así, y sin embargo...

AGATHA CHRISTIE
La señal en el cielo

3. La intriga

Se desarrolla una serie de juegos de ingenio que articulan la intriga. Lo principal es la resolución del caso.

Ejemplo:

El inspector Appleby asintió.

—Muy bien, primero la oportunidad y después el motivo. —Appleby consultó la copia de la obra que le habían facilitado—. Al llegar a la línea 83, Desdémona estaba con vida. Al llegar a la 117, estaba muerta. Durante este lapso permaneció casi invisible, ya que, además de la oscuridad, las cortinas fueron corridas por Otelo.

MICHAEL INNES
La tragedia del pañuelo

4. La descripción de los personajes

Los personajes principales son el detective y los sospechosos, que se describen, tanto física como psíquicamente, para jugar con las sospechas del lector, que recaen en unos y otros alternativamente. Se indican actitudes para crear sospechas verdaderas o falsas.

Ejemplo:

En ese momento Nigel observó dos cosas: que la mano que no dejaba de amasar bolitas de pan temblaba y que sobre la brillante superficie del menú que Dale acababa de dejar sobre la mesa estaba impresa la marca húmeda de sus dedos.

NICHOLAS BLAKE
El club de los asesinos

El asesino típico responde a ciertas condiciones para resultar efectivo.

Podemos aplicar este mecanismo, totalmente o en parte, para producir un relato moderno:

—¿Cómo es?

Su caracterización deriva de sus acciones; no las acciones de sus características.

—¿Quién es?

El criminal permanece en la sombra y hasta el último capítulo no se descubre. Esta mecánica narrativa permite comparar también el relato policíaco con un rompecabezas. La trama enigmática típica es la de Agatha Christie y la serie anglosajona, en la que se desarrolla, hacia el final, una especie de síntesis como antesala del descubrimiento del enigma. De este modo se completa y refuerza el rompecabezas.

Ejemplo:

Hizo otra pausa.

—Recapitulemos... ahora que todo se «ha aclarado». Una persona que había estado en «Las tres copas» anteriormente, aquel mismo día; una persona que conocía bien a Ackroyd para saber que había comprado un dictáfono; una persona con una cierta experiencia en mecánica; que había tenido la oportunidad de retirar la daga de la vitrina cuando miss Flora llegó a la sala; que llevaba consigo un receptáculo suficiente para esconder el dictáfono..., como un maletín negro, por ejemplo, y que se queda sola en el despacho un momento, una vez descubierto el crimen, mientras Parker telefoneaba a la policía. En una palabra... ¡el Doctor Sheppard!

AGATHA CHRISTIE
El asesinato de Rogelio Ackroyd

5. El lenguaje

Uso exacto del lenguaje y datos precisos para lograr estructuras narrativas eficaces y económicas.

Ejemplo:

No tardó más de dos minutos en dar con la sección que buscaba. Se mostraron interesados y muy atentos. Sí, había habido un crimen en Cullen Mews. Habían degollado a un hombre de oreja a oreja con un cuchillo de cortar pan; un crimen horrible. Craven empezó a decirles que había estado sentado al lado del asesino en un cinematógrafo; no podía ser otra persona.

GRAHAM GREENE
Una salita cerca de la calle Edgware

6. El narrador

Es una persona anónima de la que no recibimos información; en los cuentos de Poe, por ejemplo, sólo sabemos que es amigo de Dupin. Es frío, puntilloso; la exactitud prevalece sobre los sentimientos y la concisión, sobre el deseo de extenderse en cuestiones laterales al tema.

Sus funciones son las siguientes:

• *Esclarece.* Sus reflexiones, si las hay, tienen sentido sólo para esclarecer la singularidad intelectual del detective y demostrar la fiabilidad de su método. Es un informante o un cronista; el que descifra las claves es siempre el detective.

• *Hace de intermediario.* Es un intermediario entre la inteligencia del detective y la del lector. Cuando pregunta, pregunta lo que preguntaría el lector.

Ejemplo:

—Y acerca del artículo de *Le Soleil*, ¿qué debemos pensar? —le pregunté.

—Que es una verdadera lástima que su redactor no sea un loro, porque...

EDGAR ALLAN POE
El misterio de Marie Rôget

• *Genera las sospechas del lector.* Desde la voz narrativa se puede generar la sospecha. Por ejemplo, en *La muerte mientras tanto*, de Ignacio Martínez de Pisón, la sospecha es el hilo que tienden las voces narrativas en distintas direcciones y el consiguiente desciframiento queda sin resolver. Se narra la historia de Clara y Pablo, que acaban de irse a vivir juntos. Él escribe diariamente un texto en el ordenador, y ella espía el texto. Cada uno percibe la historia a su manera; así se crean las incógnitas.

a) El narrador testigo favorece la visión de Clara, que es la que empieza a inquietarse y desde el principio plantea el enigma al preguntarse quién es Pablo. Clara espía las notas que Pablo escribe en el ordenador, se identifica con una «ella» a la que él alude en el texto y se asusta, incluso cree leer su propia muerte, pero no puede huir porque tiene mucha fiebre, ni puede recurrir a nadie porque están aislados en la zona.

b) El narrador refuerza la inquietud al anticipar:

> En realidad, Clara estaba equivocada porque por la tarde iba a hacer un descubrimiento que privaría de todo valor a su colección de conchas y conferiría a esa rutina apenas instaurada un carácter menos placentero de lo previsto.

c) Pablo es el otro narrador, se implica a través de su diario. Algunas notas, alternadas en el relato, y en las que también Pablo anticipa los hechos, son las siguientes:

I. A veces siento encendérseme la sangre, cargarse mi cuerpo de una violencia que tarde o temprano habrá de explotar. Ella me asedia en todo momento, me vigila desde la terraza o desde el dormitorio o desde la playa, me odia...

II. Para ella, yo soy el culpable de todo, hasta del más ínfimo acontecimiento. Estoy seguro de que piensa que he sido yo, y no los domingueros, quien ha estropeado el teléfono de la cabina...

III. Hoy he descubierto que ella leía mi diario, que lo ha estado leyendo a escondidas desde que empecé a escribirlo...

Hoy la he descubierto. Ha sido al volver de la playa con las cañas de pescar y, casi sin pensarlo, he rodeado su cuello con sedal y la he estrangulado.

d) Por último a la sospecha se suma la duda, y el final queda sin resolver: no se sabe si Clara muere o sólo hay una muerte en la ficción escrita por Pablo. Él la abraza diciéndole: «Cómo has podido creer que yo...», y a continuación el narrador explica:

> Por la mañana Pablo volvió a sentarse ante su ordenador. Buscó el final del texto y corrigió algunas de las líneas ya escritas: «Dormía como una niña exhausta tras un naufragio. La muerte sólo ha sido para ella un arrecife imprevisto en mitad del sueño.»
> Punto final...

(Véase Esquema pág. 90.)

7. El monólogo interior

En los relatos de detectives más modernos, el narrador intermediario se suele reemplazar por el desdoblamiento de un narrador en primera persona que monologa.

Ejemplo:

> Un instante después, la puerta se cerraba a mi espalda y yo me dirigía al coche, preguntándome qué tramaba aquella mujer.

SUE GRAFTON
La escopeta Parker

8. El diálogo

Es continuo entre los personajes y se emplea para anunciar los razonamientos.

Un mecanismo para conseguir el suspense es jugar con las preguntas incontestadas.

Ejemplo:

—¿Y por qué no ir antes y esperar? Podía tomar el último autobús, llegar a eso de la una y esperar el momento de la cita. En lugar de hacer eso, camina nueve millas bajo la lluvia y, según dices, no es ningún atleta.

Íbamos a esta altura de nuestra conversación cuando llegamos al edificio de la Municipalidad, donde está mi oficina.

HARRY KEMELMAN
Nueve millas bajo la lluvia

9. Una atmósfera apropiada

La atmósfera está estrechamente vinculada al ritmo del relato, más aún en el relato policíaco. Podemos plantearnos una atmósfera detenida o en movimiento. Se puede desarrollar mediante la descripción o la acción.

• Mediante la descripción:

Era el cadáver de un hombre bajo, gordo, con un traje marrón, caído boca arriba, con unos ojos detenidos en la contemplación del techo, bajo la sombra de la visera de una gorra gris. Tenía la mandíbula rota. El mentón ladeado dejaba ver un impacto de bala en la corbata y otro en el cuello de la camisa, que le había atravesado la garganta. Un brazo estaba oculto debajo del cuerpo. El otro tenía en la mano una porra de goma y cuero, tan gruesa como una botella. Estaba bañado en sangre.

DASHIELL HAMMET
Cosecha roja

• Mediante la acción:

Mientras hablaba, el fulgor de los faroles laterales de un coche dio la vuelta a la curva de la calle. Era un pequeño landó, muy elegante, que se paró traqueteando a la puerta de Briony Lodge. Al detenerse, uno de los ociosos de la esquina se precipitó a abrir la puerta con la esperanza de ganarse una moneda de cobre, pero otro ocioso, que se había precipitado con la misma intención, le echó a un lado de un codazo. Se armó una feroz pelea que fue en aumento al sumarse dos soldados, que tomaron partido por uno de los ociosos, y el afilador, que se acaloró igualmente a favor del otro. Hubo un estrépito y, al cabo de un momento, la señora, que había bajado del coche, quedó en el centro de un ovillo de hombres enzarzados que se golpeaban salvajemente con los puños y los bastones. Holmes se lanzó al grupo para proteger a la señora, pero, en el momento en que la alcanzaba, dio un grito y cayó al suelo.

CONAN DOYLE
Las aventuras de Sherlock Holmes

10. El principio del relato

Se destaca una serie de hechos o se da una serie de

elementos, dejando otros en el misterio para crear de este modo un enigma. El primero puede ser una fecha, un reloj roto detenido en una hora, que pasa a ser un indicio, o que señala una hora determinada; la aparición de un cadáver, un dato referido al estado del tiempo, etc. Los restantes se van agregando paulatinamente.

Ejemplo:
Es el viernes siete de noviembre. Concarneau está desierto. Por encima de la muralla que rodea la ciudad, en su parte vieja, se distingue el reloj luminoso que marca las once menos cinco.

Hay pleamar. En el puerto, un huracán del suroeste hace que los barcos choquen entre sí. El viento penetra en la calles arrastrando velozmente por el suelo pedazos de papel.

En el muelle de Aiguillón no se percibe luz alguna. Todo aparece cerrado. La población reposa. Sólo están iluminadas tres ventanas del Hotel del Almirante, situadas en el ángulo que forman la plaza y el muelle. No hay persianas, pero a través de los cristales verdosos se distinguen algunas siluetas de clientes rezagados. Cien metros más allá, el carabinero que está de guardia en el muelle, los mira con envidia acurrucado en su garito...

GEORGES SIMENON
El perro canelo

11. El final
El policíaco es un relato que responde por excelencia a todos los interrogantes planteados. En este sentido, importa más la intriga que los personajes.

Por lo tanto, el final resolverá los hechos, reunirá los hilos de la trama. Además, hay tres componentes que suelen caracterizar a esta variante de finales:

• *La explicación*. Un buen número se resuelve con la explicación del enigma que, generalmente, da un personaje —el detective, el comisario, un amigo— a otro.

• *El diálogo*. Breve, escueto, preciso, se relaciona con el punto anterior, la explicación.

• *La ironía*. Después de la tensión, se contrasta con cierta jocosidad, que va desde la burla hasta la ironía pasando por el humor. Ejemplo:

El siguiente es el final de *Los asesinos*, un cuento de Nicholas Blake, que de los tres componentes presenta el diálogo —que en este caso no prepara la explicación— y la ironía:

—Estaba pensando que ésta debe ser la primera vez que un juez tiene oportunidad de presenciar un asesinato.

6
El relato de ciencia-ficción

La ciencia-ficción involucra tanto al hombre como a la ciencia y las consecuencias de dicha relación. Tal como dice Asimov: «La ciencia-ficción es la rama de la literatura que trata sobre las respuestas humanas a los cambios en el nivel de la ciencia y la tecnología.» Quizá es más completa la definición que redactó Carlo Frabetti en una de sus innumerables introducciones: «Más aún que en su temática, el parentesco de la ciencia-ficción con la ciencia estriba en su método, en su carácter eminentemente especulativo: partiendo de unas premisas imaginarias, contrafácticas (generalmente obtenidas por la extrapolación de la realidad actual), el relato de ciencia-ficción desarrolla sus consecuencias conservando la lógica del mundo ficticio creado.»

Intenta explicar un mundo fantástico mediante términos científicos reales y, además, no sólo explora el pasado y el presente, sino todos los futuros posibles e imaginables. «La ciencia-ficción es un entretenimiento, pero tiene un papel: ayudarnos a saber cuál es nuestro lugar en el universo y contribuye a reemplazar el sentido de maravilla que ha perdido el hombre», afirma Stephen Baxter, autor de *Las naves del tiempo*, y sucesor de Arthur C. Clarke y de H. G. Wells. Pretende, de alguna manera, proporcionarnos un modo de comprender —a través de la imaginación— todo lo que nos está sucediendo. Abarca muchas modalidades: puede ser terrorífica, romántica, irónica, humorística, elegíaca, reflexiva, satírica, y como en cualquier otra clase de texto literario, perduran los que tienen calidad.

Basada en hipótesis, se presenta como un tipo de literatura fundamentalmente especulativa influida por las ideas. Así, para Amis «es la prosa narrativa que trata una situación que no puede ocurrir en el mundo que conocemos, pero que se establece como una hipótesis basada en alguna innovación de la ciencia o la tecnología, o de la pseudociencia o la pseudotecnología, ya sea de origen terrestre o extraterrestre». Campbell asegura que cuando hace literatura de ciencia-ficción, «ya no busca el invento científico, sino sus consecuencias sobre el ser humano y la sociedad». Asimov dice que «es la rama de la literatura que trata de la respuesta humana a los cambios en el nivel de la ciencia y la tecnología», en tanto que para Ray Bradbury es «la historia de pueblos y ciudades aún no construidos que alimentan nuestra imaginación y nos ayudan a levantarnos y encontrar martillos y clavos para construir nuestros sueños antes de que se esfumen».

Los primeros intentos de construir literatura de ciencia-ficción con una clara tendencia a recrear e inventar historias con carácter estrictamente científico se deben a Julio Verne; las historias románticas, con ligeros matices científicos, a H. G. Wells.

Algunos estudiosos del tema distinguen entre ciencia-ficción «dura», escrita por científicos y basada en hechos tecnológicos, y la denominada «blanda», en la que los autores utilizan los avances tecnológicos como un simple trasfondo para plantear cuestiones de orden psicológico o moral.

Otras variantes son las utopías, como *1984*, de George Orwell, y *Un mundo feliz*, de Aldous Huxley, que va más allá de lo científico y dice: «la verdadera revolución deberá lograrse, no en el mundo externo, sino en las almas y en la carne de los hombres». George Orwell crea un universo donde todo o casi todo es posible.

Pero es Ray Bradbury quien con *Las doradas manzanas del sol, El hombre ilustrado* y *Farenheit 451* se sitúa al frente, aunque la más pura ciencia-ficción está en Isaac Asimov, con *Yo, Robot*, entre otros, y Robert A. Heinlin, con *Más allá del horizonte* y *El día de pasado mañana*. Trabaja además la conspiración paranoica en *Amos de títeres*, o el desastre casual en *El día de los Trífidos*, de John Wyndham. Otros buenos exponentes son Richard Mc Kenna, que en *Casey agonista* recurre a la alucinación y en *Regresa Cazador* inventa un planeta edénico; Stanislaw Lem con *Solaris, Retorno a las estrellas, Ciberiada*, en las que combina la cibernética y la filosofía; *Van Vogt*, en la que la vegetación lucha con el navío cósmico para impedirle que se pose. Cabe mencionar asimismo a Clifford D. Simak, Murray Leinster, Arthur C. Clarke, Paul Anderson, Frederick Brown, Brian Aldiss, Philip K. Dick, Ursula

K. Le Guin, Richard Matheson, Robert Sheckley, James Tiptree, Jr., Armando Correa, Ángel Arango y Theodore Sturgeon.

J. G. Ballard reinventa la ciencia-ficción a partir de los siguientes parámetros: los viajes interplanetarios ya no forman parte del futuro, sino del presente / sociedad tecnológica y egoísta / cultura consumista / naturaleza como víctima del hombre / personajes sin moral ni valores violentos / lucha por la supervivencia / ausencia de esperanzas.

Los objetivos

¿Qué mueve a la escritura de la ciencia-ficción? Ya sabemos que escribir no es encasillarse dentro de un género determinado, sino simplemente —y no tan simplemente— producir. Sin embargo, muchos escritores de ciencia-ficción lo hacen impulsados por cuestiones que podríamos llamar «éticas». Lo hacen, en buena medida, como una advertencia. A través de la ciencia se denuncian los peligros de la tecnología que ignora la naturaleza. Engloba la cosmovisión científica de los siglos XIX y XX, conocida por científicos y profanos, y la idea de cambio, la evolución desde la teoría de Darwin hasta los avances científicos más actuales. David Pringle la define como «una forma de narrativa fantástica que explota las perspectivas imaginativas de la ciencia moderna».

Las claves

Dice Olaf Stapledon: «para que esa construcción imaginaria de futuros posibles sea poderosa, nuestra imaginación ha de estar sujeta a la más rigurosa disciplina. No hemos de trasponer los límites de la cultura particular en que vivimos. Lo meramente fantástico sólo tiene un poder menor. No es que debamos buscar la profecía... Únicamente podemos seleccionar una hebra, de toda una maraña de posibilidades igualmente válidas. Pero tenemos que seleccionarla con una finalidad. La actividad a que nos lanzamos no es ciencia, sino arte».

«Escribir novelas sobre el futuro lejano es intentar contemplar a la raza humana en su medio cósmico, y abrir nuestros corazones a nuevos valores», afirma Olaf Stapledon.

• Elimina el presente y sitúa la dramaticidad en el porvenir.

• Consiste en la construcción de un mundo imaginario basado en los progresos de la ciencia.

• Propone el descubrimiento de ese mundo como si fuera posible.

• Sus núcleos temáticos son la conquista del espacio, los viajes a través del tiempo.

• Sus personajes típicos: los extraterrestres y el hombre futuro.

La ciencia-ficción muestra una civilización futura y hace viajar al lector en el tiempo y en el espacio. Los universos que presenta pretenden ser explicados científicamente.

Tomás Bayley Aldrich escribe el relato más breve de la ciencia-ficción:

> Una mujer está sentada sola en su casa. Sabe que no hay nadie más en el mundo: todos los otros seres han muerto. Golpean la puerta.

Los componentes

Si bien es el dominio de lo imposible, lo que ocurre en el relato debe tener una lógica, o una explicación perfectamente creíble. La ciencia-ficción emplea un discurso razonador, el de la ciencia, pero incluye la ironía, el terror, la aventura. Con sus naves espaciales, sus computadoras, sus robots, sus seres extraterrestres, sus monstruos, es una utopía abierta al futuro. Podemos decir que se vincula con un proyecto científico y con una hipótesis tecnológica. Entre sus componentes, destacamos los personajes, el tema y el lenguaje.

Los personajes

Dice Robert Silverberg: «Cada época tiene el Papa que se merece... El Papa apropiado para la nuestra es, ciertamente, un robot. Puede que en fechas futuras sea más adecuado elegir una ballena, un automóvil, un gato o una montaña.» Precisamente, el robot o personajes de otros mundos que funcionan como robots aunque tengan apariencia humana son característicos.

Ejemplo:
> Selena se acercó a nosotros con aquel mismo paso largo y rápido. Aun cuando yo sabía, como entonces, que no era una persona, que no era un ser humano, nada semejante a mi especie, había tanta magnificencia en ella que el miedo o la repulsión no pudieron borrarla.

WILLIAM SLOANE
El tiempo de la noche

Tema y lenguaje

Solamente la imaginación del autor limita la elección del tema en la ciencia-ficción. La visión del terráqueo y la lucha contra los extraterrestres bélicos y el tiempo, como desfase temporal o tiempo detenido, son temas recurrentes. Según Jaime Rest, los tipos principales de la anécdota pueden reducirse a tres:

a) La inventiva humana pone en funcionamiento mecanismos que finalmente escapan al dominio del hombre.

b) Seres inteligentes no humanos se introducen en el mundo del hombre.

c) Fenómenos naturales imprevistos alteran la situación del hombre en la Tierra o amenazan la subsistencia de las especies vivientes.

Con respecto al lenguaje, lo novedoso son las palabras nuevas o inventadas, que se comprenden por el contexto y que es necesario dosificar.

Ejemplo:

—Balística 8 a Base Lunar. He frenado en la zona central del sector 65. La Poryw me indica, mediante señales ópticas, bajas y fisura en el reactor. La tengo localizada a un miliparsec por debajo de mí. Señala que se dispone a expulsar el reactor. Respondo a su petición de asistencia médica. Búsqueda de la tripulación de la Albatros dificultada por la comunicación causada por la nube radioactiva de una temperatura en superficie superior a los 1.200 grados. La Titán Aresterra entra ahora en mi campo de visión adelantándome a plena potencia en dirección al sector 65.

Espero la llegada de la Kobold 702 para iniciar conjuntamente la misión de rescate. Fuera.

STANISLAW LEM
La Albatros

Tipos de relatos

Patrick Moore distingue dos tipos de relatos: los científicamente inexactos y los que se ajustan en todo lo posible a los conocimientos actuales de la ciencia. Estos últimos constituyen, en su opinión, el único tipo legítimo de ciencia-ficción: poseen un fondo de verosimilitud realista y ayudan a la divulgación.

En cualquier caso, la ciencia-ficción responde a una lógica propia, para lo cual debe atenerse a reglas internas que hacen creíble los hechos más improbables. Su objetivo principal es, por lo tanto, hacer creer mediante una explicación científica.

Incluye como variantes el horror, la ironía, la aventura.

El horror

Dado que cada vez racionaliza más su forma, el relato de terror desemboca en la ciencia-ficción y abarca los siguientes grupos:

• El miedo irracional

Real o no, el miedo ocurre en el mundo mental del personaje. Se puede conjugar el terror con el placer.

Ejemplo:

> Sin palabras: Calor con un poco de humedad, pero nunca bastante. Triste: Nunca más la oscuridad. Sentimiento de placer, sensación de una posesión muy débil: Cuidado, picadura, arañazo. Espera, puedes volver. Diferente, pero casi tan bueno. Sensaciones de sueño: Si, eso es... eso es. Alarma: Te has alejado demasiado, vuelve... vuelve... Retorcimiento, interrupción súbita. Todo se precipita, más rápido, más rápido. Me arrastra.

THEODORE STURGEN
Más que humano

• El miedo racionalizado

Son los relatos de monstruos, cuya aparición se justifica mediante pretextos cientificistas como mutaciones, extrañas epidemias, llegada de meteoritos, explosiones atómicas, etc. Su antecedente más antiguo es *Frankenstein*, de Mary Shelley.

Ejemplo:

Tom gritó.

Y ante los ojos de todos, comenzó a transformarse. Fue Tom, y James, y un tal Switchman, y un tal Butterfield; fue el alcalde del pueblo, y una muchacha, Judith; y un marido, William; y una esposa, Clarisse. Como cera fundida, tomaba la forma de todos los pensamientos. La gente gritó y se acercó a él, suplicando. Tom chilló, estirando las manos, y el rostro se le deshizo muchas veces.

—¡Tom! —gritó La Farge.

—¡Alicia! —llamó alguien.

—¡William!

Le retorcieron las manos y lo arrastraron de un lado a otro, hasta que al fin, con un último grito de terror, Tom cayó al suelo.

Quedó tendido sobre las piedras, como una cera fundida que se enfría lentamente, un rostro que era todos los rostros, un ojo azul, el otro amarillo; el pelo castaño, rojo rubio, negro, una ceja espesa, la otra fina, una mano muy grande, la otra pequeña.

Nadie se movió. Se llevaron las manos a la boca. Se agacharon junto a él.

—Está muerto —dijo al fin una voz.

RAY BRADBURY
Crónicas marcianas

• La ficción especulativa

Se manejan hipótesis según las cuales accede el hombre a poderes ilimitados. O bien se accede a una dimensión intemporal y a descubrimientos milagrosos.

Ejemplo:

A pesar de todo, era un milagro: el primer curso de agua que el hombre había encontrado en Venus. Hutchins ya estaba de rodillas, casi en actitud de oración. Pero sólo estaba cogiendo gotas del precioso líquido para examinarlo con su microscopio de bolsillo.

—¿Hay algo ahí? —preguntó Jerry ansiosamente.

Hutchins movió la cabeza.

—Si lo hay, es demasiado pequeño para verlo con este instrumento. Te diré más cuando estemos de regreso en la nave.

Selló un tubo de ensayo y lo colocó en la bolsa, tan tiernamente como un minero que hubiese encontrado una pepita guarnecida de oro. Podía resultar —quizá lo fuera— nada más que agua. Pero también podía ser un Universo de desconocidas criaturas vivientes, en la primera etapa de su viaje de mil millones de años hacia la inteligencia.

ARTHUR C. CLARKE
Antes del Edén

La ironía

La ironía está puesta en el tono del narrador y presenta un mínimo grado de humor. Se narra con un doble sentido y lo que ocurre se vincula con los deseos.

Ejemplo:

Cuando el Cosmos no estaba tan desajustado como hoy día y todas las estrellas guardaban un buen orden, de modo que era fácil contarlas de izquierda a derecha o de arriba abajo, reunidas además en un grupo aparte las de mayor tamaño y más azules, y las pequeñas y amarillentas, como cuerpos de segunda categoría, metidas por los rincones; cuando en el espacio no se vislumbraba ni rastro de polvo, suciedad y basura de las nebulosas, en aquellos viejos tiempos, tan buenos, existía la costumbre de que los constructores con Diploma de Omnipotencia Perpetua con nota sobresaliente fueran de vez en cuando de viaje para llevar a pueblos remotos ayuda y buenos consejos.

[...]

Ante la vista de los dos reyes, ennegrecidos de vergüenza y rabia, los ejércitos enemigos carraspearon, se tomaron del brazo y juntos dieron un paseo cogiendo flores silvestres bajo el cielo azul, en el campo de una batalla que no llegó a librarse.

STANISLAW LEM
Ciberiada

Una variante es cuando la ironía está puesta en la situación. Se trata de situaciones que muestran una realidad y sugieren como positivo lo contrario: los monstruos son los seres buenos, «humanos», y los humanos son monstruosos.

Ejemplo:

Era como si la más horrible pesadilla se transformara en realidad. ¡Ocurría de pronto en apariencia que estos seres, estos monstruos atroces, no mataban a sus hembras! ¡No había dudas: las dejaban pulular libremente! Este pensamiento era capaz de provocar náuseas a un hombre fuerte...

—¡Que los maten! —gritaron—. Que no se los deje cambiar nuestras costumbres. ¡Que no se los deje introducir la inmortalidad!

[...]

—Necesitamos matar a nuestras mujeres más a menudo, antes de los veinticinco días —dijo Gordovir en la reunión de la noche—, hasta que el curso de las cosas se normalice.

Las mujeres que sobrevivían, de regreso a sus reservas, lo escucharon y aplaudieron con ardor.

—Me pregunto adónde fueron esos monstruos —señaló Hum.

—Sin duda a reducir a la esclavitud a alguna raza indefensa —exclamó Gordovir.

—No necesariamente —replicó Mishill.

Y comenzó la discusión de la noche. Prosiguió hasta muy tarde, hubo cuatro muertos, y cada uno se fue por fin a acostar, aliviado de encontrarse entre humanos.

ROBERT SHECKLEY
Los monstruos

La aventura

Los hechos ocurren en mundos imaginarios, donde lo que predomina no es la ciencia, sino la magia, como en *El Señor de los Anillos*, de J. R. R. Tolkien. O bien la historia comienza con una aventura extraña.

Ejemplo:

El anuncio en la pared parecía temblar bajo una móvil película de agua caliente. Eckels sintió que parpadeaba, y el anuncio ardió en la momentánea oscuridad.

SAFARI EN EL TIEMPO, S.A.
SAFARIS A CUALQUIER AÑO DEL PASADO
USTED ELIGE EL ANIMAL
NOSOTROS LO LLEVAMOS ALLÍ
USTED LO MATA

Una flema tibia se le formó en la garganta a Eckels. Tragó saliva empujando hacia abajo la flema. Los músculos alrededor de la boca formaron una sonrisa mientras alzaba lentamente la mano, y la mano se movió con un cheque de diez mil dólares ante el hombre del escritorio.

RAY BRADBURY
El ruido de un trueno

Recomendaciones para escribir ciencia-ficción

• Comprometerse con el género: respetarlo para conseguir un relato trascendente.

• Contar una historia.

• Moldear los principios de la ciencia según las necesidades de la obra, pero sin violar sus principios para no explicar cosas imposibles científicamente, o contradictorias.

• Evitar escribir cuentos que concluyan diciendo «... pero era un sueño»; «... pero era un juego».

• Evitar el uso de personajes históricos de los que no se hayan investigado con precisión sus actos.

Atención...

La ciencia-ficción consigue hacer creer algo imaginario, que está fuera del tiempo y a veces del espacio, mediante una explicación científica.

7

El relato de terror

Autores de las más diversas tendencias, como Charles Dickens, Henry James o Jacobs han escrito relatos de terror. Entre ellos, contamos con los relatos de terror natural, en los que el sujeto es un animal o una persona de carne y hueso (un loco, un asesino, un violador, un sádico) conocido de la víctima o desconocido; y los de terror sobrenatural, en los que adquiere protagonismo un fantasma, un demonio, un vampiro, un hombre lobo, una bruja o un hechicero inmortal. En ambos, el factor más importante es la atmósfera que cada autor consiga crear y será tanto más perfecta cuanto más profundo sea el sentimiento de pavor que despierte en el lector.

H. P. Lovecraft dice que «el cuento de horror es tan viejo como el pensamiento y el lenguaje humanos», aunque como género literario tiene su origen en la novela gótica con *El castillo de Otranto*, de H. Walpole (1764) y un largo elenco de seguidores como Daniel Defoe, A. Radcliff, Gregory Lewis, que añade elementos macabros y descripciones sobrecogedoras, Mary Shelley, autora del inimitable *Frankenstein*. A

Poe le debemos el moderno relato de horror en su estado perfecto y definitivo; a Arthur Machen la eliminación de los elementos románticos como el muerto, el castillo tradicional, la noche oscura, y la incorporación de la luz, la atmósfera natural, especialmente en *El terror*, novela de tensión creciente y horror «cercano»; a H. P. Lovecraft, numerosos relatos y novelas además del excelente ensayo *El horror en la literatura*; a sus seguidores, August Derleth, Robert E. Howard, Robert Bloch, J. Ramsey Campbell, entre otros, enfoques particulares del asunto; a Ray Bradbury, magistrales relatos.

El enfoque

El ángulo desde el que el narrador cuenta puede incitar el grado de terror: suele destacar lo que siente o lo que percibe el personaje.

• Se narran los movimientos y las sensaciones del personaje.

Ejemplo:

... acumuló energías para hacer una tentativa a la desesperada. Agarrándose a los bordes de la abertura, trató de izarse hasta ella, cuando notó que algo extraño se aferraba con fuerza a sus tobillos impidiéndoselo. Al cabo de un momento supo por vez primera aquella noche lo que era el miedo, pues a pesar de todos sus esfuerzos no conseguía liberarse de la misteriosa fuerza que tiraba de sus pies. Sentía espantosos dolores, como si de brutales heridas se tratara, en las pantorrillas; y de su mente se había apoderado un torbellino de terror mezclado con una implacable sensación que sugería astillas, clavos sueltos o algún otro atributo de una caja de madera que se rompe. Es posible que gritara... no podía marchar sobre sus pies y la luna, que empezaba a dejarse ver de nuevo, debió presenciar un horrible espectáculo mientras Birch arrastraba sus ensangrentados tobillos hacia la casita del cementerio, con los dedos hundidos en el negro lodo y lanzados a un ritmo frenético, a lo que su cuerpo respondía con aquella exasperante lentitud que se experimenta al verse uno perseguido por los fantasmas en el curso de una pesadilla.

H. P. Lovecraft
En la cripta

• Se narra lo que ve el personaje.

Ejemplo:

... Ochenta y uno, ochenta y dos, ochenta y tres. Mandíbulas caídas, lenguas que asoman como lenguas de niños burlones, ojos de color castaño pálido en órbitas secas, cabellos encerados y endurecidos por la luz del sol, afilados como púas, clavados entre los labios, las mejillas, los párpados, la frente. Los ojos de Marie tropezaron con la pared más lejana después de pasar de un horror a otro, adelantándose y retrocediendo, de cráneo a cráneo, saltando de costilla en costilla, mirando con hipnotizada fascinación los ijares paralizados, descarnados, inertes, los hombres transformados en mujeres por obra de la evaporación, las mujeres transformadas en cerdas de ubres crecidas. El terrible rebote de la visión, que aumentaba y aumentaba, tomando ímpetu de un pecho hinchado a una boca torcida, de muro a muro, de muro a muro, otra vez, otra vez, como una pelota arrojada en un juego, recogida por unos dientes increíbles, escupida en una corriente que cruzaba el corredor..., alojada entre unos pechos flacos, y todo el coro de pie cantando invisiblemente, y animando el juego, el juego disparatado de la vista que retrocedía, rebotaba, con repetido movimiento de lanzadera a lo largo de la procesión inconcebible, a través de una sucesión de horrores erectos que terminaba al fin y de una vez por todas cuando la visión chocaba en el extremo del corredor y todos daban un último grito.

RAY BRADBURY
El siguiente en la fila

Los mecanismos

Entre los principales mecanismos productores del relato de terror, se destacan ciertos motivos temáticos y las características apropiadas del ámbito.

1. Los motivos temáticos
La puerta es uno de los típicos motivos temáticos de un cuento de miedo o de fantasmas: los golpes a la puerta, la puerta que desaparece, etc.

Así lo señala Henry James en su *Cuaderno de notas*: «22 de enero. Tema para una historia de fantasmas.

»Imagina una puerta —bien tapiada, bien hace largo tiempo bajo llave—, en la cual de vez en cuando se deja oír un golpe —un golpe que, puesto que el otro lado es inaccesible, sólo puede ser fantasmal. El ocupante de la casa o habitación que contiene la puerta se ha familiarizado con el ruido tiempo ha; y, considerándolo fantasmal, ha dejado de ponerle especial atención —ya que la presencia permanece más allá de la puerta y nunca se revela de otra forma. Pero cabe imaginar que esta persona tiene una preocupación grave y constante; y una segunda persona, que relata la historia, puede observar que los golpes se multiplican con cada nueva manifestación del problema. Fuerza la puerta y el problema desaparece —como si el espíritu hubiera deseado que lo admitiesen, para así lograr interponerse, redimir y proteger.»

Los pasos son otro elemento clásico de los cuentos de terror. Su efecto es similar a los golpes en la puerta.

2. El poder del ámbito

Se puede conseguir el clímax, el punto máximo de la tensión narrativa, partiendo de la descripción ambiental. Hay dos maneras típicas de hacerlo:
• Empleando el ámbito abierto.
• Empleando el ámbito cerrado.

• El ámbito abierto

El ámbito abierto también se puede trabajar de dos maneras precisas: el ámbito relajado o placentero en el que se introduce la tensión, y el ámbito aislado, desierto, que duplica la inquietud.

a) El ámbito relajado o placentero

Un ámbito abierto, calmo y placentero, puede ser el apropiado para la irrupción de una acción violenta, trágica o angustiante. No se debe confundir intensidad con velocidad; con violencia o nerviosismo.

No siempre hay coincidencia entre suspense y velocidad. Empleando la lentitud, la morosidad de la descripción, se puede conseguir suspense. El hecho que pone en tensión al lector puede suceder inmediatamente después de una detallada descripción en un lugar bucólico. El contraste es buen conductor de la trama y nos permite destacar el conflicto.

Se puede reforzar una historia así si el narrador no se implica en los hechos.

Ejemplos:

I. Un narrador testigo que mira y describe poéticamente. Detalla el momento culminante de la situación desde un punto de vista distante:

El anaranjado sol, completado su recorrido descendente, iba a salir del cielo de Jamaica; pero, antes de hundirse del todo tras el horizonte del Caribe, pareció inmovilizarse un momento, como en una divina exposición fotográfica. Las sombras de última hora de la tarde se alargaron, extendiendo un leve tinte oscuro sobre las buganvillas y los hibiscos de brillantes colores, para, por fin, ir a dar contra la brillante y blanca fachada del más lujoso hotel de la Bahía de Montego: el Dorado. Y en cierto modo pareció un detalle de mal gusto que aquel paisaje de postal fuera alterado por la caída del cuerpo de George Farnham que, agitando las manos y arrastrando tras sí un último grito, atravesó las ramas de las palmeras y se desplomó contra el suelo del patio.

MIKE MARMER
Panorama desde la terraza

II. Narrador protagonista que describe el entorno e incluye al final de la descripción el elemento terrorífico que abre el suspense:

> La luna se ocultaba detrás de las nubes, y luego apareció llena, demasiada luz repentina, tal vez; o la mente distraída, sensible al misterioso capricho de la medianoche. [...]
>
> Alcé la mirada y vi la luna llena que asomaba entre las nubes y se balanceaba como un globo sobre el campanario de la iglesia al otro lado del camino, y a lo largo de la cerca, los tres lustrosos doberman de mi vecino brillaban como si fueran de seda bajo la luz plateada, atados a la verja, los dientes al descubierto y sonriendo como Cerbero, con las colas sin esquilar entrelazadas como serpientes.

MICHAEL VAN DE VEN
Un momento, una noche

b) El ámbito aislado

Se ambienta el relato en un ámbito abierto apartado del mundo, deshabitado, abandonado o por el que a la hora que suceden los hechos no pasa ni un alma. Se suele indicar desde las primeras líneas. En este caso, es aconsejable que el narrador se implique y perciba, con el lector, que algo raro empieza a ocurrir. Además, puede ser conveniente un narrador que anticipe lo que les sucederá a los personajes con una mínima insinuación.

Ejemplo:

En el relato citado en el capítulo 5, *La muerte mientras tanto*, de Martínez de Pisón, tenemos:

Una urbanización y una playa desiertas bajo un cielo gris, fundamental como escenario de los hechos, en el que dos personajes, Clara y Pablo, que apenas se conocen, acaban de instalarse y donde, como hemos visto en el apartado anterior, el entorno duplica el suspense al insinuar que Clara no podrá pedir ayuda:

«El apartamento que habían alquilado no era bonito ni espacioso pero estaba en primera línea de playa.»

Luego se aclara que es la segunda quincena de setiembre, y el sitio deshabitado, abandonado, crea una atmósfera inquietante que refuerza el suspense.

• El ámbito cerrado

El ámbito cerrado proviene de los primeros relatos de terror, en los que la habitación sin salida era el marco apropiado. Podemos utilizarlo de diversos modos. Se refuerza la tensión si el personaje se implica en los hechos y se presenta una situación conmovedora. Un ejemplo clásico es demostrar la impotencia y la desesperación de un personaje ante una situación que no domina. También se puede conseguir mediante una situación terrorífica.

Ejemplo:

La habitación estaba en completa oscuridad. La pizca de gas que aún permanecía encendida apenas alumbraba a una distancia de tres pulgadas en torno al mechero. Desesperadamente, extendí el brazo por encima de mis ojos, como para impedir incluso la visión de aquello, y traté de no pensar en nada. Fue en vano.

[...]

Algo cayó, al parecer del techo, sobre mí, e inmediatamente sentí que dos manos huesudas rodeaban mi garganta intentando estrangularme.

Fitz-James O'Brien
¿Qué era aquello?

Trazar un esquema

Podemos trazar diferentes esquemas dinámicos para desarrollar los puntos de tensión. Se denominan «dinámicos» porque resultan de un juego entre la tensión y la distensión.

Consiste en trazar una ruta en la que se señalicen unos cuantos momentos clave, indicadores de los cambios y coincidentes o no con el clímax. Estos momentos se narrarán de manera breve para poder desarrollar posteriormente el relato basándonos en ellos. La ruta puede trazarse según los siguientes aspectos:

a) El argumento: los indicadores serán los nudos principales.

b) El narrador: los indicadores corresponderán a los cambios informativos.

c) El personaje: los indicadores corresponderán a sus acciones. Las acciones de los personajes pueden situarse en un ámbito determinado, como los que hemos visto, productor del clima inquietante.

Pueden coincidir los tres aspectos en el mismo esquema, tal como lo vemos en el siguiente ejemplo:

En *No mires hacia atrás*, de Frederic Brown, se destacan como trucos fundamentales la implicación del lector, gracias a la presencia de un narrador personaje que, por momentos, se desdobla en testigo y amenaza directamente al lector, incorporándolo a la trama. Para ejemplificar el posible esquema tomamos los párrafos del cuento en los que se concentra el argumento y señalamos las características del narrador en cada párrafo:

1. El narrador se dirige a un «usted» y lo amenaza.

Limítese a permanecer sentado y descanse. Trate de divertirse con esto: es el último cuento que va usted a leer en su vida; o casi el último. Una vez leído, puede quedarse ahí un rato, o encontrar excusas para remolonear por su casa, su cuarto, su oficina o el sitio donde se encuentre al leer; pero, tarde o temprano, tendrá que levantarse y salir. Ahí es donde le estaré esperando: fuera. O tal vez más cerca. Puede que, incluso, en esta misma habitación.

Desde luego, usted cree que esto es una broma. Supone que se trata sólo de un cuento de un libro y que yo, en realidad, no me refiero a usted. Pero juegue limpio: admita que le estoy advirtiendo lealmente.

2. El narrador explica que la amenaza es producto de una apuesta que le hizo un personaje llamado Harley.

Harley apostó conmigo que yo no podría hacerlo. Lo que se juega es un diamante del que me ha hablado; un diamante del tamaño de su cabeza. Por eso tengo que matarle a usted. Y también tengo que contarle primero el porqué, el cómo, y todo lo demás. Eso forma parte de la apuesta.

3. El narrador cuenta lo que le ocurrió con Harley cuando fabricaron unas planchas para falsificar billetes.

Corrió a la imprenta, cogió las planchas, el papel y unos cuantos miles de dólares en billetes falsos que había por allí. Hizo un paquete con el dinero y el papel y metió las planchas de cobre en otro, este último, más pequeño. Cuando salió, en la tienda no quedaba ninguna prueba de que en ella se hubiese impreso moneda falsa.

Fue muy cuidadoso y listo en lo de deshacerse de los paquetes. Para librarse del primero, se inscribió en un gran hotel —ninguno en el que él o Harley hubieran estado alguna vez— bajo nombre falso. Lo hizo sólo para tener opción a poner el paquete grande en el incinerador. Como todo era papel, allí se quemaría. Y, antes de tirarlo, se aseguró de que el horno estaba encendido.

Las planchas eran otra cosa. No podían quemarse, así que hizo una excursión a Staten Island y en el ferry, al volver, cuando se encontraban en medio de la bahía, tiró el paquete por la borda y las planchas se hundieron en el mar.

4. El narrador, que antes contaba en primera persona y que se llama Justine, se desdobla y habla de sí mismo en tercera persona. Cuenta las torturas de la policía y de los otros socios.

Le obligaron a permanecer despierto días y días, con una potente luz frente a los ojos y dándole bofetadas cada vez que se dormía. No emplearon palos ni porras, pero le abofetearon un millón de veces y no le dejaron dormir.

[...]

Replicaron que había escondido las planchas y que les mentía. Le torturaron para hacerle confesar. Le pegaron, le hicieron cortes de cuchillos, le quemaron las plantas de los pies con cerillas y cigarros encendidos, y le metieron agujas bajo las uñas. Luego descansaban y volvían a hacerle preguntas. Si él podía hablar, les contestaba la verdad y, momentos después, los otros comenzaban a torturarle de nuevo.

La cosa siguió durante semanas... Justine no sabe cuánto duró aquello, pero fue mucho. Una vez pasaron fuera varios días y le dejaron atado, sin comida ni bebida. Al regresar, reanudaron el suplicio del hombre.

5. En consecuencia, se vuelve un asesino, lo cuenta nuevamente en primera persona y anuncia que mata a todo el que se cruza en su camino, incluido el lector, «que está en guardia»:

He seguido practicando con el cuchillo. Con él he matado a muchas personas, sobre todo por la noche en la calle. A veces lo he hecho porque parecían llevar dinero encima; pero, la mayoría, sólo por practicar y porque la cosa ha llegado a gustarme. Actualmente soy un verdadero experto con un cuchillo. Usted ni siquiera lo notará entrar en su cuerpo.

Ahora está usted ya muy cerca del fin. Habrá terminado en unos segundos y cerrará el libro, aún sin creerme. O, si no ha leído los cuentos por orden, tal vez retroceda para comenzar otra narración. Si lo hace, nunca la acabará.

Siga adelante unos cuantos segundos o minutos más. Continúe pensando que esto sólo es uno de tantos cuentos. No mire hacia atrás. No crea esto... hasta que note el cuchillo en su interior.

Atención...

Una vez que hemos elaborado la historia, trazar diferentes esquemas, similares a hojas de ruta, hasta decidir cuál nos resulta más eficiente para distribuir los momentos inquietantes, enigmáticos o tensos del relato, es un sistema que permite equilibrar este tipo de relato y conseguir un ritmo que no decaiga.

La oposición productiva

Es la encarnación de los opuestos. Consiste en caracterizar dos personajes opuestos y que forman parte del mismo individuo. Este tipo de artificio produce distintos fenómenos conductores del terror. Entre los casos más conocidos señalamos:

• El secuestro de la apariencia física

Hay numerosas narraciones en las que un personaje se beneficia secuestrando la apariencia de otro. Es una especie de intercambio, deseado por uno y no por el otro. Se consigue un efecto trágico mayor con el empleo de la voz narrativa en primera persona.

Ejemplo:

Soy un joven secuestrado en el cuerpo de un anciano caduco. Pero este simple hecho es increíble para aquellos a quienes se lo expongo.

Y siendo un extraño en este cuerpo, es natural que ignore el nombre de mis secretarios, el de los doctores que continuamente me visitan, el de mis criados, el de mis vecinos, el de esta ciudad donde me encuentro.

H. G. WELLS
La historia del difunto Mr. Evelsham

• La conversión

Convertirse en algo opuesto a la propia naturaleza es un tema también conocido en el campo literario y en el cine: consiste en duplicarse en una figura diferente u opuesta a la originaria. En este caso es preferible la narración del testigo.

Ejemplo:

En el siguiente relato, un lobo es mordido por un mago y se convierte en hombre:

En el Bois des Fausses-Reposes, al pie de la costa de Picardía, vivía un muy agraciado lobo adulto de negro pelaje y grandes ojos rojos. Se llamaba Denis, y su distracción favorita consistía en contemplar cómo se ponían a todo gas los coches procedentes de Ville-d'Avray, para acometer la lustrosa pendiente sobre la que un aguacero extiende, de vez en cuando, el oliváceo reflejo de los árboles majestuosos. También le gustaba, en las tardes de estío, merodear por las espesuras para sorprender a los impacientes enamorados en su lucha con el enredo de las cintas elásticas que, desgraciadamente, complican en la actualidad lo esencial de la lencería. [...]

Descendiente de un antiguo linaje de lobos civilizados, Denis se alimentaba de hierba y de jacintos azules, dieta que reforzaba en otoño con algunos champiñones escogidos y, en invierno, muy a su pesar, con botellas de leche birladas al gran camión amarillo de la Central. [...]

Enfurecido por la aparición de Denis que, sin embargo, se alejaba ya tan discreto como siempre barbotando una excusa, y desencantado también de Lisette, por cuya culpa conservaba un exceso de energía que pedía a gritos ser descargada de una u otra manera, el Mago del Siam se abalanzó sobre la inocente bestia, mordiéndole cruelmente el codillo. Con un gañido de angustia, Denis escapó a galope. De regreso a su guarida, se sintió vencido por una fatiga fuera de lo común, y quedó sumido en un sueño muy pesado, entrecortado por turbulentas pesadillas. [...]

Tiritando de fiebre y sobrecogido por una intensa sensación de frío, en mitad de la noche de luna llena despertó brutalmente de su sueño. Se frotó los ojos, quedó sorprendido del extraño efecto que sintió y, a tientas, buscó una luz. Tan pronto como hubo conectado el soberbio faro que le legase algunos meses atrás un enloquecido Mercedes, el deslumbrante resplandor del aparato iluminó los recovecos de la caverna. Titubeante, avanzó hacia el retrovisor que tenía instalado justo encima de la coqueta. Y si ya le había asombrado darse cuenta de que estaba de pie sobre las patas traseras, aún quedó más maravillado cuando sus ojos se posaron sobre la imagen reflejada en el espejo. En la pequeña y circular superficie le hacía frente, en efecto, un extravagante y blancuzco rostro por completo desprovisto de pelaje, y en el que sólo dos llamativos ojos rufos recordaban su anterior apariencia. Dejando escapar un breve grito inarticulado se miró el cuerpo y al instante comprendió la causa de aquel frío sobrecogedor que le atenazaba por todas partes. Su abundante pelambrera negra había desaparecido. Bajo sus ojos se alargaba el malformado cuerpo de uno de estos humanos de cuya impericia amatoria solía con tanta frecuencia burlarse.

BORIS VIAN
El Lobo-Hombre

• El desplazamiento del yo.

Para Otto Rank, el mecanismo del doble es como una consecuencia del mito de Narciso: «Aparece como una emanación de vínculos narcisistas, de auto-enamoramiento, que, tal como en el niño, representa un papel de importancia entre los pueblos primitivos, y que también observamos en el individuo neurótico. La conciencia que el héroe tiene de su culpa lo obliga a trasladar la responsabilidad de ciertos hechos del yo a otro yo, el doble.»

Ejemplo:

En *Los hemanos Karamazov*, de Dostoievski, la proyección del doble se encarna en Iván Karamazov, que se duplica en el diablo:

—¡Entonces, miserable, ha sido por mi salvación por lo que has hecho todo esto!, ¿verdad?

—Precisa hacer el bien siquiera sea una sola vez. ¿Por qué te enfadas tanto?

—¡Déjame! ¡Eres una pesadilla insoportable! —dijo Iván suspirando, sintiéndose, no obstante, vencido por la insistencia de su visión—. Me aburres sobremanera, y no sé qué daría por perderte de vista —añadió luego.

—Modera tus exigencias, te lo ruego; no exijas de mí «lo mejor y más hermoso» y verás cómo seremos buenos amigos —dijo el huésped con tono persuasivo—. En el fondo estás enfadado porque no me he presentado a ti acompañado de una luz roja «en medio de relámpagos y truenos», con alas de fuego. Te molesto porque he hecho mi aparición con suma modestia. Y eso te ha ofendido, primero en tus sentimientos estéticos y luego en tu orgullo. ¿Cómo (te has dicho), osa acercarse un diablo tan vulgar a un hombre tan grande? Tú tienes todavía las pretensiones románticas de Bielinahy. Cuando me preparaba a venir aquí, pensé tomar la apariencia de un consejero de Estado en activo servicio, condecorado con múltiples cruces, pero he renunciado a hacerlo; te habrías enfadado más todavía, y tal vez me hubieras pegado. Mefistófeles, al acercarse a Fausto, anunció que sólo haría daño; y sin embargo, no hizo sino bien. Yo soy todo lo contrario.

• La imposición del yo

A través de una progresión y un proceso de identificación, un personaje puede llegar a dominar a otro, lo cual se puede interpretar, según las características del relato, como una imposición de un yo sobre otro yo como una variante del doble.

Ejemplo:

En *William Wilson*, de Edgar Allan Poe, el rasgo de la oposición es el tono de voz, alto en uno, un susurro en el otro. Se presenta, primero, como una relación de coincidencia entre nombres y apellidos en el colegio: «se trataba de un alumno que, sin ser pariente mío, tenía mi mismo nombre y apellido». De inmediato, empiezan a acumularse las coincidencias: ambos habían nacido el mismo día del mismo año y tenían la misma estatura y gran parecido físico, pero tenían diferente la voz: «mi rival tenía un defecto en los órganos vocales que le impedía alzar la voz más allá de un susurro apenas perceptible.» Cuando el «otro» logra superar esta última diferencia, el desplazamiento y la aniquilación del yo se hacen totales:

> Su réplica, que consistía en perfeccionar una imitación de mi persona, se cumplía tanto en palabras como en acciones, y Wilson desempeñaba admirablemente su papel. Copiar mi modo de vestir no le era difícil; mis actitudes y mi modo de moverme pasaron a ser suyos sin esfuerzo, y a pesar de su defecto constitucional, ni siquiera mi voz escapó a su imitación. Nunca trataba, claro está, de imitar mis acentos más fuertes, pero la tonalidad general de mi voz se repetía exactamente en la suya, y su extraño susurro llegó a convertirse en el eco mismo de la mía. [...]
>
> Una y otra vez, en la más secreta intimidad de mi espíritu, me formulé las preguntas: «¿Quién es? ¿De dónde viene? ¿Qué quiere?» [...]
>
> Me había visto obligado a notar asimismo que, en

ese largo período (durante el cual continuó con su capricho de mostrarse vestido exactamente como yo, lográndolo con milagrosa habilidad), mi atormentador consiguió que no pudiera ver jamás su rostro las muchas veces que se interpuso en el camino de mi voluntad. [...]

Tal me había parecido, lo repito, pero me equivocaba. Era mi antagonista, era Wilson, quien se erguía ante mí agonizante. Su máscara y su capa yacían en el suelo, donde las había arrojado. No había una sola hebra en sus ropas, ni una línea en las definidas y singulares facciones de su rostro, que no fueran las mías, que no coincidieran en la más absoluta identidad.

Era Wilson. Pero ya no hablaba con un susurro, y hubiera podido creer que era yo mismo el que hablaba cuando dijo:

—Has vencido, y me entrego. Pero también tú estás muerto desde ahora... muerto para el mundo, para el cielo y para la esperanza. ¡En mí existías... y al matarme, ve en esta imagen, que es la tuya, cómo te has asesinado a ti mismo!

• La aniquilación del yo

Es la creación, por medios mágicos, de un «otro» que penetra y aniquila al yo.

Ejemplo:

En los relatos de Guy de Maupassant, el doble accede a esa manifestación profunda de lo fantástico que es el horror: la irrupción de un «otro» que se instala en el lugar del yo para aniquilarlo. En *¿Él?*, el doble es una presencia generada en la soledad misma del personaje y cuya sola presencia, como una alucinación, llena de temores al yo. En *El horla*, uno de los textos fundamentales sobre el doble en la literatura occidental, el «otro» no se hace perceptible pero empieza a ocupar los espacios del yo. La alteridad es insostenible: en el cuento de Maupassant, el yo intenta destruir ese otro que amenaza ocupar todos sus espacios y, al no lograrlo, se aniquila a sí mismo. El periplo, así, se cierra: el otro irrumpe, desplaza de forma progresiva al yo, hasta aniquilarlo definitivamente:

> ... existe junto a mí un ser invisible, que se alimenta de leche y de agua, que puede tocar las cosas, cogerlas y cambiarlas de sitio, dotado por consiguiente de una naturaleza material, aunque imperceptible para nuestros sentidos, y que habita, como yo, bajo mi techo...

La metamorfosis del yo puede producirse a través de procesos teratológicos, es decir, las anomalías o monstruosidades del aparato animal o vegetal, la licantropía, es decir, la manía mediante la cual el individuo imagina su transformación en lobo; etc.

8

El relato de aventuras

Dice Joseph Conrad: «En el relato de aventuras, la aventura es la escritura. El trabajo de escritor es similar al del marino: trabajar lo más concienzudamente posible, describir exactamente lo que se ha visto, cuidar las frases como la tripulación baldea y cuida la cubierta, y no esperar otra recompensa que el respeto de los iguales.»

Es una narración que implica la idea de viaje y la consecución de aventuras en tierras lejanas, con episodios e incidentes agitados e inhabituales.

Podría sintetizarse como el viaje hacia lo desconocido de un héroe que persigue un tesoro real o simbólico, enfrenta peligros, en un ambiente hostil. Sus puntos determinantes son la acción y el riesgo, que mantienen pendientes a los lectores. Dice B. Eijenbaum: «El tono personal del autor puede ser un principio organizador que crea un relato directo; pero puede también no ser más que un vínculo formal entre los acontecimientos y limitarse a un papel auxiliar. El cuento primitivo, así como la novela de aventuras, no posee ni tiene necesidad del relato directo, pues el interés y el movimiento están determinados por una sucesión rápida e inesperada de sucesos y situaciones. Una combinación de motivos y de sus situaciones: tal es el principio organizador.»

La lucha con peligrosos contrincantes, o con espantosos monstruos, la conquista de reinos fantásticos y la intervención de superhéroes capaces de turbar la realidad evaden al lector del mundo en que vive. Su condición básica es entretener.

La atracción por el relato de aventuras caracteriza a la épica o poesía que cuenta los avatares de los héroes. En *La Ilíada*, por ejemplo, los combates de aqueos y troyanos en las playas o bajo los muros de la ciudad son el centro de la historia. Cuando la guerra de Troya ha concluido, se inicia una cadena de aventuras que son transmitidas oralmente por los viejos cantores. Con la imprenta, la tarea del viejo narrador pasa a los libros. En la historia del género, son abundantes los hechos extraordinarios y arriesgados vividos por todos aquellos caballeros guiados por Amadís de Gaula.

El exotismo condujo a la literatura de aventuras a las selvas de América; nació así un nuevo tipo de héroe, el indio virtuoso, frente al europeo: Ojo de Halcón, el «último mohicano» y otros héroes de Cooper.

Los primeros libros en que los personajes salen de viaje en busca de aventuras son *Los viajes de Gulliver*, de Swift, y *Robinson Crusoe*, de Defoe. En sus viajes, encuentran parajes exóticos y aportan al lector una escapada idealista y emocionante de la vida cotidiana. Con la llegada de la Revolución Industrial, los paisajes se llenan de fábricas y de máquinas: entonces los viajes están en relación con el progreso técnico, como en *La máquina del tiempo*, de H. G. Wells, *De la Tierra a la Luna*, de Julio Verne. El desarrollo histórico de Estados Unidos, la expansión hacia el Oeste, la construcción de los ferrocarriles que atravesaban el continente y el descubrimiento del oro en California generaron nuevos ámbitos y nuevos héroes como el sheriff, el solitario e individualista forastero, las comisiones de vecinos que tratan de imponer la ley, el enfrentamiento entre agricultores y ganaderos. A partir del siglo XIX se destacan la novela de aventuras marineras, como las de Hermann Melville, Emilio Salgari, Joseph Conrad; la de viajes, como la de Daniel Defoe, *Robinson Crusoe*, la del mar y la isla, como las de Joseph Conrad, o *La isla del tesoro*, de Robert Luis Stevenson; la de la selva, como las de Rudyard Kipling.

Los aspectos básicos

La literatura de aventuras presenta una serie de aspectos básicos tradicionales. Están absolutamente vinculados entre sí y corresponden a los temas, el entorno, el héroe y los personajes secundarios.

1. Los temas

Los temas principales giran en torno a la historia del hombre abandonado a sus recursos en una isla desierta, como *Robinson Crusoe*, el viaje a los fantásticos países habitados por hombres diminutos o descomunales gigantes, como *Los viajes de Gulliver*, o las peripecias de los vaqueros del Oeste norteamericano, los perseguidores del oro, entre otros. Lo que importa de la aventura es cómo el protagonista vive aquello que proyecta y sueña, y lo cuenta a sus conciudadanos. Además del enfrentamiento, de la lucha hostil contra lo desconocido, implica la pasión del proyecto. El héroe proyecta, imagina, pretende alcanzar un fin que, en realidad, es secundario; lo que importa es el proceso. El proceso mismo puede ser el objetivo, como ocurre con Don Quijote y sus andanzas; Robin Hood o Tarzán, que ayudan a los necesitados; la lucha por sobrevivir de Robinson Crusoe, etc.

Tres son los temas casi ineludibles en la literatura de aventuras: el viaje, la búsqueda del tesoro y la muerte.

• *El viaje.* Un elemento fundamental de la aventura es el viaje, el alejamiento de un grupo humano que le otorga seguridad: salir del lugar conocido hacia otro alejado, exótico, peligroso o desconocido, como la muerte, que constituye el máximo desafío al que estos seres de papel se enfrentan. Los personajes se convierten en héroes y, generalmente, salen victoriosos de su periplo, después de atravesar múltiples avatares que mantienen en suspense al lector.

• *La búsqueda del tesoro.* El ingrediente esencial de todo periplo aventurero es el tesoro que hay que alcanzar. Pero también el dinero representa al tesoro. El dinero o el tesoro son motores que mueven a los personajes hacia la aventura.

• *La muerte*. Otro mundo, otro nudo temático, es la muerte. En la base de la aventura está el desafío de entrar en el mundo de los muertos. Dice Conrad: «Nadie puede decir qué pensamientos, qué aflicciones y palabras son las últimas de esos moribundos. Hay algo hermoso en el brusco tránsito de esos corazones, desde el paroxismo de la lucha y del esfuerzo, del increíble tumulto y desconcierto de la superficie, a la inmensa paz de las profundidades, que duermen invioladas desde el comienzo de los siglos.»

Evitar la muerte es un objetivo básico en el relato de aventuras. Los héroes están a punto de morir, pero no mueren, son rescatados cuando están en un tris de perecer. Los personajes secundarios mueren de diversas formas. A veces, su cercanía afectiva con el héroe moviliza la emoción del lector.

El relato de aventuras se diferencia de la tragedia en este punto: en la tragedia, el héroe siempre muere; en la literatura de aventuras, se salva.

2. El entorno

Al entorno típico de la literatura de aventuras corresponden ciertos fenómenos naturales que refuerzan la idea de peligro y el suspense. Entre ellos se encuentran el mar, la selva, que por ser ilimitados implican riesgo; la isla, que también contribuye a potenciar la idea de soledad y riesgo; la tormenta, el fuego, la inundación, el huracán, el terremoto. El mar es un escenario apropiado para poner a prueba el carácter y las condiciones individuales: la lealtad y solidaridad entre los miembros de la tripulación cuando se produce un naufragio; entre otros, lo han empleado Hermann Melville, Joseph Conrad, Edgar Allan Poe, Jack London, Robert L. Stevenson.

Ejemplo:
El siguiente fragmento muestra cómo, dentro de la embarcación, el personaje se halla de pronto con la tempestad o con la calma capaz de paralizar el viaje, dejando a los viajeros a la merced de multitud de sorpresas:

El aspecto de la isla, cuando a la mañana siguiente subí a cubierta, había cambiado por completo. La brisa había amainado, y, aunque durante la noche navegamos bastante, en aquel momento nos encontrábamos detenidos en la calma a media milla del suroeste de la costa oriental, que era la más baja. Bosques grisáceos cubrían gran parte del paisaje. En algunos puntos esa tonalidad monótona se salpicaba con sendas de arena amarilla desde la playa y con árboles altos, parecidos a los pinos, que se agrupaban sobre la general y uniforme coloración de un gris triste. Los montes se destacaban como rupturas de la vegetación y semejaban torres de piedra. Sus formas eran extrañas, y el de más rara silueta, que sobresalía en doscientos o trescientos pies a los otros, era el Catalejo; estaba cortado a pico por sus laderas y en la cima se truncaba bruscamente dándole la forma de un pedestal.

La *Hispaniola* se balanceaba hundiendo sus imbornales en las aguas. La botavara tensábase violentamente de las garruchas, y el timón, suelto, golpeaba a un lado y otro, y las cuadernas crujían, y todo el barco resonaba como una factoría en pleno trabajo. Tuve que agarrarme con fuerza a un cabo, pues el mundo entero parecía girar vertiginosamente ante mis ojos, y, aunque yo para entonces ya me había convertido casi en un marino veterano, estar allí, en aquella calma, pero meciéndonos como una botella vacía entre las olas, pudo más que el hábito que ya comenzaba a desarrollar, sobre todo con el estómago vacío, como estaba aquella mañana.

ROBERT LUIS STEVENSON
La isla del tesoro

3. Los personajes

Hay dos clases de personajes. Los primeros son los protagonistas; normalmente se ven inmersos en el viaje y la aventura por razones sentimentales: rescatar a un amigo, salvar a alguien perdido en un lugar inhóspito; pero también por razones científicas. Los otros personajes son los propios del escenario exótico donde se desarrolla la acción: indios, tribus negras, animales prehistóricos. Responden a las siguientes características:

• Los protagonistas siempre tienen un motivo para adentrarse en un lugar inhóspito, y el lector se identifica con ellos. Han de superar a los demás hombres en fuerza, astucia y virtudes, y actúan como héroes; son los piratas, el romántico piel roja cargado de virtudes, el experimentado marino. Las pasiones humanas, el amor, el odio y el rencor, la devoción hacia el amigo o la mujer amada platónicamente, motivan actos heroicos.

• Los opositores. El conflicto que genera el paso por un espacio difícil hace surgir a los personajes opositores, encargados de sumar tensión a la aventura: los piratas que asaltan el barco, los indios americanos que asaltan la caravana o controlan un territorio, la tribu negra de caníbales. Generalmente son los malos.

• La edad. La adolescencia es el período más apropiado para la vivencia de aventuras.

• Los personajes secundarios también participan activamente de los hechos.

Los pilares

La descripción y la acción son las modalidades sobre las que se construye el relato de aventuras.

En la aventura observamos dos acciones iniciales: la partida y la entrada en un elemento desconocido, que se vinculan con el misterio y el suspense. Posteriormente, mediante la trama se crean acontecimientos que abren expectativas al lector. Éste siente curiosidad por saber qué va a ocurrir. Se le presentan dudas sobre cómo van a actuar los personajes frente a diversos acontecimientos.

En cuanto a la descripción, se detallan los sitios, objetos, etc., como complemento de la acción y del clima de misterio y el horror.

El suspense

¿Cómo funciona el suspense en el relato de aventuras?

Mediante la trama se crean acontecimientos que despiertan expectativas en el lector: éste siente curiosidad por saber qué va a ocurrir. Se le presentan dudas sobre cómo van a actuar los personajes frente a diversos acontecimientos.

Suspensión simple: el lector sabe tan poco como el personaje.

Suspensión compleja: el narrador pone en conocimiento al lector de lo que va a ocurrir.

Ocultamientos: le oculta algunos datos que suscitan su curiosidad.

Simulaciones: el personaje simula ser lo que no es.

Casualidades: el narrador recurre a la idea de que el destino está lleno de casualidades imprevistas que hay que desvelar.

Complicaciones: los sucesos se acumulan y se busca una vía para resolverlos.

Iluminaciones: un suceso puede dar sentido a sucesos anteriores.

Despistes: el narrador da pistas falsas.

Culminaciones: los apogeos en el argumento marcan el clímax.

En conclusión, las claves para conseguir el suspense son:

• Acciones y ambientes inquietantes.

• Eliminación de añadidos que estorban el núcleo de la historia.

• Confluencia final de todos los incidentes.

9
El relato fantástico

Lo que llamamos literatura fantástica es la puesta en escena de la ficción. Se instala en el límite entre ficción y realidad. Una de sus claves es el cuestionamiento de la realidad homogénea. Lo fantástico irrumpe en el mundo de lo cotidiano abriendo una grieta, instaurando la inquietud con sus formas inesperadas. Nos proporciona herramientas para conducir al lector por lugares secretos e inimaginados y conseguir que la duda persista después de acabado el relato.

Dice Italo Calvino: «Lo fantástico exige una mente lúcida, un control de la razón sobre la inspiración instintiva o subconsciente y disciplina en el estilo; exige que se sepa, a un mismo tiempo, distinguir y mezclar ficción y verdad, juego y espanto, fascinación y distanciamiento, es decir, leer el mundo en múltiples niveles y en múltiples lenguajes simultáneamente.»

Lo fantástico varía según la época. La literatura fantástica del siglo XIX tiene como centro productor el horror y como objetivo el entretenimiento. Incluye lo sobrenatural, lo mágico, lo terrorífico. Hasta entonces su aplicación es emocional; en el XX, se impone su uso intelectual. A la contemporánea, que es la que tratamos en este capítulo, se la suele mencionar como neofantástica y se permite el juego y el humor. Su objetivo no es aterrorizar al lector, sino sumergirlo en un terreno en el que lo irreal contamina lo real, como vía de apertura hacia zonas inexploradas de la realidad.

Una llamada de atención

La literatura fantástica puede definirse como una interrupción, un corte, una llamada de atención, en el entramado de la vida cotidiana. A partir de lo conocido, de lo experimentado y verosímil, hay una extrapolación de una forma distinta que transgrede este mundo y nos permite explorarlo a través de la escritura.

Es el producto de los siguientes aspectos:

• *El cuestionamiento de la cotidianeidad*. Instaura una lógica distinta de la cotidiana, aunque participa de ella; es una advertencia sobre lo extraño que existe alrededor de nosotros y no advertimos.

• *La movilización del pensamiento*. Implica una toma de distancia para el lector y no sólo una aceptación emocional, como ocurre con la literatura de entretenimiento.

Los máximos exponentes son los cuentos de Franz Kafka, Jorge Luis Borges, Julio Cortázar, entre otros.

Dice Todorov: «El fantástico es un género narrativo que se mueve entre la representación de la realidad extraña y lo maravilloso, y se articula sobre una duda planteada y mantenida por el narrador y comunicada al lector, acerca de la realidad o irrealidad de lo narrado.» Y agrega: «La literatura fantástica se define por la percepción ambigua que el propio lector tiene de los acontecimientos relatados.»

Es decir, no es fantástico aquello que convencionalmente presenta elementos o situaciones imposibles que al final del relato quedan justificados; por ejemplo, si provienen ruidos de una sepultura, inquietantes para el lector, y al final se descubre que se había metido una culebra.

Los hechos instauran la duda y provocan sensación de inquietud y zozobra. Se establece un conflicto cuya resolución no está pautada previamente a partir de una fórmula.

Dice Roger Caillois: «El mundo de las hadas es un Universo maravilloso que se añade al mundo real sin atentar contra él ni destruir su coherencia. Lo fantástico, al contrario, manifiesta un escándalo, una rajadura, una irrupción insólita, casi insoportable en el mundo real.»

El proceso y sus modalidades

La literatura fantástica organiza los elementos narrativos de modo que lo importante no es el personaje, sino el acontecimiento. Generalmente, el personaje es pasivo y está sujeto a los sucesos.

Su proceso de producción es el siguiente: en un entorno realista se produce un acontecimiento extraño o misterioso, intolerable en dicho entorno; se altera la normalidad e irrumpe lo fantástico. Aparece como una ruptura del orden natural mediante mecanismos como la irrupción, la metamorfosis, la permutación, la usurpación, el traslado, la creación, el sueño como realidad, lo desconocido como real, la visión subjetiva.

1. La irrupción

En un ámbito objetivo, verosímil, habitado por personajes cotidianos, se va introduciendo, más rápidamente si es un cuento, más lentamente si es una novela, algún elemento que entra en tensión o en contradicción con las leyes del mundo cotidiano. La irrupción del elemento transgresivo suele ocurrir en ámbitos obedientes a las normas y al orden impuesto.

Ejemplo:

Andrée, yo no quería venirme a vivir a su departamento de la calle Suipacha. No tanto por los conejitos, más bien porque me duele ingresar en un orden cerrado, construido ya hasta en las más finas mallas del aire, [...]. Me es amargo entrar en un ámbito donde alguien que vive bellamente lo ha dispuesto todo como una reiteración visible de su alma, aquí los libros (de un lado en español, del otro en francés e inglés), allí los almohadones verdes, en este preciso sitio de la mesita el cenicero de cristal [...].

Pero hice las maletas, [...] y subí en el ascensor.

Justo entre el primero y segundo piso sentí que iba a vomitar un conejito.

JULIO CORTÁZAR
Carta a una señorita en París

2. La metamorfosis

El pasaje de una condición real a otra por distintos motivos o sin motivo, sin intervención del sueño ni de ningún mecanismo ajeno a la realidad, como en *La metamorfosis*, de Franz Kafka: el protagonista se despierta convertido en insecto y el narrador subraya todo lo concerniente a la «normalidad» y «lo habitual», además de responder, de entrada, todas las preguntas que haría el lector. El personaje se transforma en animal (podría ser también en otro ser o en objeto) inesperadamente.

Ejemplo:

No era brusco Gazel, pero decía cosas violentas e inesperadas en el idilio silencioso con Esperanza. Aquella tarde había trabajado mucho y estaba nervioso, deseoso de decir alguna gran frase que cubriese a su mujer asustándola un poco. Gazel sin levantar la vista de su trabajo le dijo de pronto:

—¡Te voy a clavar con un alfiler como a una mariposa!

Esperanza no contestó nada, pero cuando Gazel volvió la cabeza vio cómo por la ventana desaparecía una mariposa que se achicaba a los lejos mientras se agrandaba la sombra en el fondo de la habitación.

RAMÓN GÓMEZ DE LA SERNA
Metamorfosis

3. La permutación

Es el pasaje de la condición real a la imaginaria a través del sueño.

Ejemplo:

A partir de esa noche, mi naturaleza en cierto modo se desdobló y convivieron en mí dos hombres que se ignoraban mutuamente. A veces creía ser un sacerdote que cada noche soñaba ser un gentilhombre; otras, creía ser un gentilhombre que soñaba ser un sacerdote. Era incapaz de discriminar entre el sueño y la vigilia e ignoraba dónde comenzaba la realidad y dónde terminaba la ilusión.

THÉOPHILE GAUTIER
La muerte enamorada

4. La usurpación

Es la invasión de un espacio y todo lo que contiene, e implica una variante del desdoblamiento.

Ejemplo:

En la escalera me palpé el bolsillo de las llaves, con el instintivo gesto cotidiano. Y comprobé que no las llevaba. [...]

Llamé, ¿y sabéis quién me abrió? Me abrió un señor de mediana edad, con patillas, envuelto en una bata a rayas azules y blancas como la que yo usaba.

—Disculpe —le dije—. Debo haberme equivocado de piso.

—Esto es el tercer piso, primera puerta —contestó—. ¿Busca algo?

El tercer piso, primera puerta, de aquella escalera era mi casa. Por consiguiente, si yo no estaba equivocado, quien erraba era el señor de mediana edad. Además, mirando de reojo, vi que los muebles del vestíbulo eran los míos y el papel de las paredes era el que yo mismo había elegido en ocasión no muy lejana.

PERE CALDERS
Cosas de la providencia

5. El traslado

Un personaje o varios del mundo cotidiano se trasladan hacia el ámbito extraño.

Ejemplo:

... buscaba alimentos descubrí la usina. [...]

Con el hierro que servía para atrancar una puerta, y una creciente languidez, abrí un agujero: se vio claridad celeste. Trabajé mucho y esa misma tarde estuve adentro. Mi primera sensación no fue el disgusto de no encontrar víveres, ni el alivio de reconocer una bomba de sacar agua y una usina de luz, sino la admiración placentera y larga: las paredes, el techo, el piso, eran de porcelana celeste [...].

Caminé sin hacer ruido, guiado por una pared, hasta uno de los enormes cálices de alabastro; con esfuerzo y gran peligro, me deslicé adentro.

ADOLFO BIOY CASARES
La invención de Morel

6. La creación

Una variante de la anterior es la creación de la realidad por el sueño. Es el tema, entre otros, de *Alicia a través del espejo*, de Lewis Carroll.

Ejemplo:

Existo porque hay uno que me sueña, hay uno que duerme y sueña y me ve obrar y vivir y moverme y en ese momento sueña que yo digo todo esto. Cuando ese uno empezó a soñarme, yo empecé a existir; cuando se despierte cesaré de existir.

GIOVANNI PAPINI
La última visita del caballero enfermo

7. El sueño como realidad

La forma inversa de la anterior es creer que la realidad del soñador también es un sueño de otro. Borges se lo plantea como idea de que toda realidad es un sueño o una ficción e imagina la posibilidad de que los hombres seamos seres soñados por otros.

Ejemplo:

Temió que su hijo meditara [...] y descubriera de algún modo su condición de mero simulacro. No ser un hombre, ser la proyección del sueño de otro hombre, ¡qué humillación, qué vértigo! [...] caminó hasta los jirones de fuego. Éstos no mordieron su carne, éstos lo acariciaron y lo inundaron sin calor y sin combustión. Con alivio, con humillación, con terror, comprendió que él también era una apariencia, que otro estaba soñándolo.

JORGE LUIS BORGES
Las ruinas circulares

8. Lo desconocido como realidad

Convertir en posible lo desconocido o imposible.

Ejemplo:

> ... Se me perdió el pueblo. Había mucha neblina o humo o no sé qué; pero sí sé que Contla no existe. Fui más allá, según mis cálculos, y no encontré nada. Vengo a contártelo a ti, porque tú me comprendes. Si se lo dijera a los demás de Comala dirían que estoy loco, como siempre han dicho que lo estoy.
>
> —No. Loco no, Miguel. Debes estar muerto.

JUAN RULFO
Pedro Páramo

9. La visión subjetiva

El acontecimiento es real para algunos e inexistente para otros.

Ejemplo:

En *El reino de este mundo*, de Alejo Carpentier, para la visión fantástica de los negros, su héroe, Mackandal, se salva por medio de sus poderes; pero desde la visión realista del narrador, Mackandal es ajusticiado.

El enigma de la literatura fantástica

Dice Julio Cortázar: «... hay una hora en la que se anhela ser uno mismo y lo inesperado, uno mismo y el momento en que la puerta que antes y después da al zaguán se entorna lentamente para dejarnos ver el prado donde relincha el unicornio. [...] Sólo la alteración momentánea dentro de la regularidad delata lo fantástico, pero es necesario que lo excepcional pase a ser también la regla sin desplazar las estructuras ordinarias entre las cuales se ha insertado. Descubrir en una nube el perfil de Beethoven sería inquietante si durara diez segundos antes de deshilacharse y volverse fragata o paloma; su carácter fantástico sólo se afirmaría en caso de que el perfil de Beethoven siguiera allí mientras el resto de las nubes se conduce con su desinteresado desorden sempiterno. En la mala literatura fantástica, los perfiles sobrenaturales suelen introducirse como cuñas instantáneas y efímeras en la sólida masa de lo consuetudinario; así, una señora que se ha ganado el odio minucioso del lector es meritoriamente estrangulada a último minuto gracias a una mano fantasmal que entra por la chimenea y se va por la ventana sin mayores rodeos, aparte de que en esos casos el autor se ve obligado a proveer una "explicación" a base de antepasados vengativos o maleficios malayos».

El enigma de la literatura fantástica nunca se resuelve del todo, sugiere, inquieta y engaña al lector dándole pistas falsas. El final generalmente queda abierto y el enigma por resolver: se dan indicios para que el lector imagine la solución.

10

El relato amoroso y erótico

El amor es más antiguo que el mundo, vinculado a la vida, la muerte y a la gama de sentimientos existentes. Participa como tema en toda clase de textos literarios. Constituye la literatura sentimental y la erótica.

La novela sentimental tiene sus orígenes en la novela griega de Longo, *Dafnis y Cloe*, que cuenta la historia de un ingenuo amor entre dos pastorcillos. Su esquema es igual que el de muchas novelas griegas que no trascendieron: dos jóvenes que se quieren con amor puro y superan una serie de obstáculos antes de alcanzar la meta del matrimonio. Con el humanismo surge el amor idealizado, y se destaca Dante Alighieri, autor de la *Divina Comedia*; Petrarca, con el *Cancionero*. En el Renacimiento, el amor ideal da lugar a motivos mitológicos. En el Romanticismo se vive como inevitable la relación entre amor y muerte. Dice Novalis: «Todas las pasiones terminan en tragedia, todo lo que es limitado termina muriendo, toda poesía tiene algo de trágico.» No se explaya en descripciones del acto sexual, sino más bien enfoca la experiencia erótica como una experiencia interior.

La literatura erótica se diferencia de la sentimental, aunque ambas pueden compartir el procedimiento del lirismo, el trabajo poético del lenguaje según el cual, más que decir directamente, se insinúa el amor. Dice Anaïs Nin: «Por erótico entiendo la totalidad de la experiencia sexual, su atmósfera, talante, sabor sensual, misterio, vibraciones, el estado de éxtasis, la gama completa de sentidos y emociones que la acompañan y la rodean.»

Formas del amor

Stendhal, en *Del amor*, hace la siguiente clasificación correspondiente a las diversas formas de amor que se pueden encontrar en la literatura:

«Hay cuatro amores diferentes:

»1. El amor pasión: el de la monja portuguesa, el de Eloísa por Abelardo, el del capitán DeVesel, el del gendarme de Cento.

»2. El amor placer: el que reinaba en París hacia 1760 y se halla en las memorias y novelas de esta época, en Crébillon, Lanzun, Duclos, Marmontel, Chamfort, madame D'Epinay, etcétera.

»En este cuadro, todo, hasta las sombras, debe ser de color de rosa, no debe entrar en él, con ningún pretexto, nada desagradable so pena de carecer de mundo, de buen tono, de delicadeza, etc. Un hombre de alta estirpe conoce de antemano todos los procedimientos que debe emplear y hallar en las diversas fases de este amor; no habiendo nada en él de pasión y de espontaneidad hay a veces más delicadeza que en el amor verdadero, porque en él interviene siempre mucho la inteligencia; es una fría y preciosa miniatura comparada con un cuadro de los Carracci, y mientras que el amor pasión nos arrastra por encima de todos nuestros intereses, el amor placer sabe siempre conformarse a ellos. Verdad es que, si a ese pobre amor se le quita la vanidad, queda muy poca cosa; una vez privado de vanidad, es un convaleciente debilitado que puede apenas arrastrarse.

»3. El amor físico: Yendo de caza, hallar una hermosa y fresca campesina que huye por el bosque. Todo el mundo conoce el amor fundado en esta clase de placeres; por muy árido y poco afortunado que se sea de carácter, se comienza por ahí a los dieciséis años.

»4. El amor vanidad: La inmensa mayoría de los hombres, sobre todo en Francia, desea y tiene una mujer de moda, como se posee un hermoso caballo, como una cosa necesaria al lujo del mancebo. La vanidad más o menos halagada, más o menos picada, arrebatada como el amor. A veces participa del amor físico, pero ni siquiera siempre; a veces, ni aun el placer físico interviene. Una duquesa no tiene nunca más de treinta años para un burgués, decía la duquesa de Chaulnes.»

En este texto, que Stendhal escribe como estudio experimental, encara el fenómeno del amor desde distintos puntos de vista. Él mismo lo encarnó en muchos de sus personajes, de modo total. Para desdramatizarlo recurre a la ironía bajo la que encubre las diferentes propuestas.

Los matices del amor sentimental

Hay una serie de matices, algunos son motivos temáticos que evocan inmediatamente una historia de amor. Entre ellos:

• La cita
Especial intensidad narrativa se puede conseguir planteando la cita como situación que ilusiona a los protagonistas, antes y después de su concreción.

Ejemplo:
Él le dijo la hora. A las seis, te espero a las seis al final del camino que lleva a los viñedos altos.

MONTSERRAT ROIG
El canto de la juventud

• El beso
Lo más típico de la narración amorosa es el beso y lo que rodea este motivo temático.

Ejemplo:
Era lindo escucharla, pero era mejor sentirla tan cerca. En ese momento me pareció que ella también tenía un doble nivel, pero sin hipocresía. Quiero decir que mientras desarrollaba todo ese razonamiento tan abierto al futuro, sus ojos me decían que la abrazara, que la besara, que iniciara por fin los trámites básicos de nuestro deseo. Y cómo podía negarle lo que esos ojos tan tiernos y elocuentes me pedían. La abracé, la besé. Sus labios eran una caricia necesaria, cómo podía haber vivido hasta ahora sin ellos. De

pronto nos separamos, nos contemplamos y coincidimos en que el momento había llegado.

Mario Benedetti
Puentes como liebres

• El ramo de flores

Un obsequio, que a menudo es el típico ramo de flores, representa en la literatura de amor la proyección del amor o el deseo de conquista del enamorado que lo regala.

Ejemplo:

Colocó su silla de medio lado y haciendo caso omiso de sus invitados se dedicó a medir la distancia que le separaba de ella, mientras Patricia Zimmerman se preguntaba si ese desconocido estaría examinando sus joyas con algún designio torcido.

Esa misma noche llegó a la residencia de los Zimmerman un ramo descomunal de orquídeas. Patricia miró la tarjeta, un rectángulo color sepia con un nombre de novela escrito en arabescos dorados. De pésimo gusto, masculló, adivinando al punto que se trataba del tipo engominado del restaurante, y ordenó poner el regalo en la calle en la esperanza de que el remitente anduviera rondando la casa y se enterara del paradero de sus flores. Al día siguiente trajeron una caja de cristal con una sola rosa perfecta, sin tarjeta. El mayordomo también la colocó en la basura. El resto de la semana despacharon ramos diversos: un canasto con flores silvestres en un lecho de lavanda, una pirámide de claveles blancos en copa de plata, una docena de tulipanes negros importados de Holanda y otras variedades imposibles de encontrar en esta tierra caliente. [...]

Nunca había necesitado tanto tiempo y dinero para cortejar a una mujer, aunque también era cierto, admitía, que hasta entonces todas eran diferentes a ésta.

Isabel Allende
Regalo para una novia

• La carta

Una carta puede ser un motivo en el que se proyecten los deseos amorosos.

Ejemplo:

Tres días después fue la única persona en acompañarlo al aeropuerto y ahora habían pasado dos años de eso pero ella seguía escribiéndole cartas gordas de páginas en que le hablaba siempre de su sueño dorado de irse a vivir con él a Mallorca, de acompañarlo para siempre en su casa de Bahía de Pollensa, de ese sueño que se repetía en cada una de esas cartas que Felipe respondía sin saber muy bien por qué. [...]

Dejó el papel a un lado, cogió otra hoja, y empezó a escribir, «Querida Alicia, sin duda alguna, una chica como tú habría disfrutado en un lugar como éste». Dejó la pluma a un lado, y estuvo largo rato contemplando el mar en la noche llena de estrellas que le permitía ver la gran ventana de su escritorio. Volvió a coger la pluma, de golpe, y escribió: «A veces te quiero mucho siempre.»

Alfredo Bryce Echenique
A veces te quiero mucho siempre

- El deseo

Desear física o mentalmente al «objeto» amado es inevitable.

Ejemplo:

> Por primera vez en su vida Bertha Young deseaba a su marido.
>
> Oh, le había querido..., había estado enamorada de él, naturalmente, en todos los demás sentidos, pero no en ésc. Y de igual modo, naturalmente, había comprendido que él era distinto. A menudo lo habían discutido. Al principio le había preocupado enormemente descubrir que era tan fría, pero después de algún tiempo le había parecido que no tenía importancia. Eran tan francos el uno con el otro, tan buenos compañeros. Eso era lo mejor de ser modernos.
>
> Pero ahora..., ¡ardientemente!, ¡ardientemente! ¡La palabra le dolía en su cuerpo ardiente!

KATHERINE MANFIELD
Felicidad perfecta

- La sensualidad

Para expresar la sensualidad se requieren ciertos elementos o mecanismos que valoren lo corporal como placer. Para ello, en la literatura amorosa proliferan las imágenes relacionadas con los sentidos.

Ejemplo:

> Pero el olor del deseo se había esparcido por la casa, [...] se filtraba por las grietas, afectaba la flora y la fauna, calentaba los ríos subterráneos [...] era visible como un incendio.

ISABEL ALLENDE
Eva Luna

- El engaño y los celos

Un motivo que favorece la intensidad y la creación del clímax es el de los celos y el engaño, real o imaginario.

Ejemplo:

Acusaba a uno de mis maridos de perseguir mujeres, cuando estaba tan flaco que apenas se sostenía en pie. Sin embargo, así le halagaba, haciéndole creer que le tenía cariño. Así justificaba mis salidas, asegurando que iba a espiar a la moza con la que se refocilaba y con tal pretexto me corría no pocas aventuras. Pues Dios nos ha dado a las mujeres la habilidad del engaño, de las lágrimas y de saber hilar, con todo lo cual podemos ganar a los hombres en toda cosa a través de la astucia, de la fuerza y, así mismo, de las lágrimas.

GEOFFREY CHAUCER
La confesión de una viuda

- Lo mágico

Los matices maravillosos son apropiados para potenciar el clima de enamoramiento.

Ejemplo:

Al día siguiente, de regreso a la pradera, Dafnis se sentó al pie de una encina y comenzó a tocar la flauta, con la que parecía hechizar a las cabras. Cloe, sentada muy cerca, vigilaba al rebaño que pacía pero con más frecuencia volvía los ojos hacia Dafnis, atento tan sólo a la flauta, y también entonces le encontró muy hermoso. Imaginó que era la música que así lo embellecía, por lo que tomó a su vez la flauta para que así mismo a ella la embelleciese. Más adelante quiso que Dafnis se bañara y mientras esto él hacía, ella le veía desnudo y estos pensamientos eran el principio del amor. Muy pronto, ya no tuvo otra preocupación ni otra idea que no fuera Dafnis y sólo de Dafnis sabía hablar. No sabía exactamente lo que le ocurría ya que, muchacha sencilla, educada en el campo, nunca había oído pronunciar la palabra amor. Sentía el alma oprimida y, a pesar suyo, los ojos se le llenaban frecuentemente de lágrimas. Pasaba el día sin probar la comida y las noches sin poder dormir; reía y lloraba, se adormecía y se despertaba al instante, palidecía y, casi al mismo tiempo, el rostro se le encendía de fuego.

LONGO, EL SOFISTA
Dafnis y Cloe

Los matices del erotismo

Definir lo erótico no es fácil. Si bien el diccionario nos señala «perteneciente o relativo al amor sensual» o «exageración morbosa del aspecto sexual», la impresión es difusa. Alguien dijo alguna vez que «el erotismo es ese sitio en donde el goce y lo prohibido habitan en una inquietante proximidad».

Escribir literatura erótica consiste básicamente en excitar la sensualidad del lector, creando un clima apropiado en el que la sexualidad se muestre «a flor de piel». Para ello, conviene probar caminos inesperados, avanzar gozando mientras escribimos, como si en lugar de mirar directamente lo que narramos intentáramos adivinarlo, sin atrevernos a mirarlo en su totalidad.

- Los cinco sentidos

Como hemos visto, la sensualidad se vincula ineludiblemente con los cinco sentidos: vista, tacto, gusto, olfato y audición son canales específicos y sumamente productivos para construir un relato de tipo erótico. De hecho, se dice «excitar los sentidos»; es ésta una faceta que no debemos descuidar.

- La prohibición

El amor ligado a la prohibición es una fórmula infalible, con Sade a la cabeza, para quien «el incesto extiende el amor de familia».

Pudores, tabúes, candados, oscuridad, leyes y lenguaje son solidarios con el erotismo y lo potencian.

- El cuerpo desnudo o semidesnudo

Safo, Edipo, Masoch, Rabelais, Casanova, entre otros, convirtieron la literatura en deseo, y ese deseo en el que un cuerpo desnudo llamaba a otro cuerpo desnudo se adueñó de la descripción, se hizo cómplice con la acción y tramó infinitas historias, desde *La Biblia*, *Lisístrata*, de Aristófanes, *El cantar de los cantares*, *Las mil y una noches*, *El kamasutra*, el *Decamerón*, hasta nuestros días.

- El ámbito

El lugar donde ocurren los hechos puede potenciar la atmósfera erótica.

- Lo metafórico

No decir las cosas por su nombre, insinuar situaciones apelando a subterfugios, a símiles o a metáforas acelera el clima erótico.

Ejemplo:

14 de enero.

Esta noche he soñado que estaba en una especie de parque de atracciones como el Coney Island que se ve en las películas americanas. Un señor muy amable me regalaba un caramelo, pero la golosina era tan grande que me costaba mucho metérmela en la boca y chuparla. Son estúpidos los sueños...

RAYMOND QUENEAU
Diario íntimo de Sally Mara

El discurso del texto erótico

No debe ser	Debe ser
Explícito	Sugerente
Mecánico	Dinámico
Exagerado	Equilibrado

Así lo explicita Anaïs Nin:

Querido coleccionista: le odiamos. El sexo pierde todo su poder y su magia cuando se hace explícito, mecánico, exagerado, cuando se convierte en una obsesión maquinal. Se vuelve aburrido. Usted nos ha enseñado, mejor que nadie, cuán equivocado resulta no mezclarlo con la emoción, la ansiedad, los caprichos, los lazos personales y las relaciones más profundas, que cambian su color, sabor, ritmos e intensidades.

Usted no sabe lo que se está perdiendo a causa de su examen microscópico de la actividad sexual, que excluye los aspectos que constituyen el carburante que la inflama. Aspectos intelectuales, imaginativos, románticos y emocionales. Esto es lo que confiere al sexo sus sorprendentes texturas, sus sutiles transformaciones, sus elementos afrodisíacos. Usted está dejando que se marchite el mundo de sus sensaciones; que se muera de inanición, que se desangre.

Si alimentara usted su vida sexual con todas las excitaciones y aventuras que el amor inyecta en la sensualidad, se convertiría en el hombre más potente del mundo. La fuente del poder sexual es la curiosidad, la pasión. Está usted contemplando cómo su llama se extingue por asfixia. El sexo debe mezclarse con lágrimas, risas, promesas, palabras, escenas, celos, envidia, todas las variedades del miedo, viajes al extranjero, caras nuevas, novelas, relatos, sueños, fantasías, danza, opio y vino.

¿Cuánto pierde usted a través de ese periscopio que tiene en el extremo del sexo, cuando puede usted gozar de un harén de maravillas distintas y nunca repetidas? No existen dos cabellos iguales, pero usted no nos permite gastar palabras en la descripción del cabello. No hay tampoco olores iguales, pero si nos extendemos sobre eso usted exclama: «Supriman la poesía.» No hay dos cutis con la misma textura, y jamás la luz, o temperatura o sombra ni el mismo gesto, pues un amante, cuando es movido por el verdadero amor, puede recorrer siglos y siglos de tradición amorosa. ¡Qué posibilidades, qué cambio de edad, qué variaciones de madurez e inocencia, perversidad y arte...!

Hemos estado hablando de usted durante horas, y nos hemos preguntado cómo es usted. Si ha cerrado sus sentidos a la seda, a la luz, al color, el olor, el carácter y el temperamento marchito. Existen multitud de sentidos menores, que discurren como afluentes de la corriente principal que es el sexo y que la nutren. Sólo el pálpito al unísono del sexo y el corazón puede producir éxtasis.

De la carta de Anaïs Nin al anciano coleccionista que les compraba cuentos eróticos —«a dólar la página»— a ella y a sus amigos, entre quienes se contaba Henry Miller

Silvia Adela Kohan

Cómo se escribe una Novela

Cuando se escribe una novela es necesario prestar atención a los detalles y no descuidar el conjunto. Se trata de crear un universo significativo y peculiar compuesto por elementos funcionales.

Este libro ofrece, de un modo riguroso y claro, las claves para conseguirlo y las preguntas que el novelista debe hacerse en cada etapa. Explora las vías de acceso al universo propio, la construcción de distintos tipos de novelas, las formas de avanzar sin perder de vista el conjunto. Señala cuándo conviene retroceder, cuántas y cuáles voces narrativas pueden contar la historia, qué mecanismos nos permiten encarnar personajes creíbles. Describe los procedimientos de la novela desde el posible punto de partida hasta la eficacia de la trama, el montaje, la composición, y, finalmente, desarrolla un método para encarar la reescritura.

Silvia Adela Kohan

Cómo se
escribe
Poesía

PLAZA JANÉS

Escribir poesía es una necesidad. A la vez, es una condensación
de nuestra experiencia, una forma peculiar de traducir los
sentimientos, de descubrir a nuestro ritmo interior, las imágenes
propias y transcribirlo lingüísticamente.

Este libro es una eficaz vía de acceso a la producción del
poema en su totalidad, desde las combinaciones acentuales
y métricas, el verso regular y el verso libre, hasta la
transgresión creativa.

Muestra las claves de la poesía y sus condiciones ineludibles
referidas al ritmo y la economía: la poesía no es explícita, dice
mucho con muy poco. Para ello, aborda la palabra como elemento
nuclear y sus múltiples vías de transformación, los juegos verbales,
los artificios sonoros, lexicales, gráficos y la espacialización.
Explora, además, cómo se constituye la imagen así como el
poema extenso o el brevísimo, los modos de comenzarlo y
el tratamiento del tema; el proceso mental y la indagación
que puede llevar a cabo el poeta.

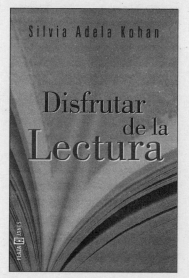

Silvia Adela Kohan

Disfrutar
de la
Lectura

Leyendo este libro se leerán mejor otros libros.
Se entenderá que ser lector es conocer el juego e imponer reglas
propias, saber con qué armas se cuenta, por qué se disfruta y cómo
se disfruta. A los lectores apasionados les proponemos probar más
formas de «ingresar» a un texto. A los que aún no han descubierto
qué tipo de texto les puede seducir, descubrirlo y poder atravesarlo
sin sentirse como un náufrago en esta travesía desde la palabra inicial
hasta el punto final. A todos, les ofrecemos las variadísimas formas
de ser lector y las claves de cuarenta escritores fundamentales.